U0963329

龙吟狮吼的山川

——济南神通寺史迹钩沉

高飞 著

山东大学出版社
SHANDONG UNIVERSITY PRESS

图书在版目（CIP）数据

龙吟狮吼的山川 : 济南神通寺史迹钩沉 / 高飞著
-- 济南 : 山东大学出版社, 2021.12
ISBN 978-7-5607-7305-6

Ⅰ. ①龙… Ⅱ. ①高… Ⅲ. ①佛教－寺庙－介绍－济南 Ⅳ. ①B947.252.1

中国版本图书馆CIP数据核字(2021)第268089号

策划编辑：刘旭东　张晓林
责任编辑：王桂琴
封面设计：张　荔
摄　　影：孙　伟　李宇飞
　　　　　韩长义　李成武

出版发行：山东大学出版社
社　　址：山东省济南市历下区山大南路20号
邮　　编：250100
发行热线：（0531）88363008
经　　销：新华书店
印　　刷：山东蓝海文化科技有限公司
规　　格：787mm×1092mm　1/16
　　　　　17.75印张　180千字
版　　次：2022年1月第1版
印　　次：2022年1月第1次印刷
定　　价：58.00元

前言

1971年初春，我们一群小学六年级的毕业生，参加了济南市历下区组织的寒假野营拉练活动，以军人为榜样，打起背包，迈开双脚，在南部山区兜了一大圈儿，行程近200公里，历时3周余。小龙堂、伙路、西营、跑马岭、柳埠、仲宫这些如今的网红打卡地都留下了我们青春的足迹。

当年我们住在农民家里，吃饭借用农家的灶台由学生和老师一起做，边走边搞活动，诸如访贫问苦、清扫庭院、田间劳动、军事训练，等等，不一而足。

记得住宿在柳埠镇大会村时，学校曾组织我们前往离村不远的四门塔参观。那时的四门塔周围到处是残垣断壁，衰草枯扬，只有四门塔、龙虎塔和墓塔林还顽强地挺立在荆棘丛中。我们坐在废墟中，懵懵懂懂、心不在焉地听全国劳模田立柱给我们讲四门塔的历史。那时大家只对附近林场中的翠竹感兴趣，因为在北方长大的我们还从来没有见过这么粗、这么绿的竹子，至今记忆犹新。而四门塔在我们幼小的心灵里却几乎没留下什么印象。

后来我又多次去过四门塔和龙虎塔，那时龙虎塔四周还没有围起石栏杆，我们就在它的三层石台上无所顾忌地爬上爬下，塔身雕刻的那些佛、菩萨，天王和力士在我们眼前晃来晃去，我们却视而不见（其实见了也不认识）。

济南人大都知道南山有四门塔，而不知还有神通寺，我也是很晚才知道四门塔下的古佛寺叫作“神通寺”，竟有1600多年的历史，曾经香火隆盛，名扬天下。尤其是它的开山鼻祖竺僧朗更是“神通广大”，道行高远，其一生行化，堪称楷模，曾引得当时的六位帝王争相邀请，传为佳话。

“四门塔上有历史，龙虎塔上有故事。”后来了解到，我们小时候爬上爬下的龙虎塔，塔身四面，方寸之间铺排着精彩的佛传故事，

信手拈来都是佛教经典中的经典，足以使人振聋发聩，启发正念。

宋代著名禅师青原惟信说过一段十分有趣的话：“老僧三十年前未参禅时，见山是山，见水是水。及至后来，亲见知识，有个入处，见山不是山，见水不是水。而今得个休歇处，依前见山是山，见水是水。”

禅师其实是在点拨我们：当你真正参透了一件事物的内涵之后，虽然你看到的还是原来的它，可过去你看到的只是它的表象，而现在你却了解了它的实质。

是啊，过去我看龙虎塔没感到它有什么特别之处，就是一座普通的石塔。后来当我稍微了解了一点佛教知识后再看它，似乎“那精美的石头会说话”，把引人入胜的佛传故事向你娓娓道来，传递出饶益众生的微言大义。

而一旦当你真正读懂了这些凝固的音符，就会感到这些佛像并不是无生命的线条，而是佛教历史上真实发生过的事情，它会让你产生身临其境的殊胜之感。这时你再看龙虎塔，虽然在你的眼中它还是多少年前的那个样子，但在你的心中它已俨然变成了一座铭刻佛、菩萨们上求菩提、下化众生慈心悲愿的丰碑。

我写这本书的初衷，就是想通过对神通寺遗址反复多次的实地考察，以及对相关历史文献的梳理，着重探讨四门塔的历史渊源、龙虎塔的佛传故事和千佛崖造像的深刻内涵，挖掘出其背后所蕴藏的丰富多彩的佛教历史文化，然后再以神通寺的开创者竺僧朗的传奇经历为纽带，链接起那个时代与竺僧朗或神通寺有所交集的高僧大德们的道范净行，再现与之相关的历史人物的非凡过往，揭示出神通寺在波谲云诡的中古时代是如何于筚路蓝缕中一步步走向辉煌的尘封往事。

作者

2021 年 12 月

目 录

第一章 四门塔

引子

公元779~785年间，唐德宗当政时期，四川成都来了一位西域高僧，名叫难陀。他身怀绝技，神通广大，自称已修得“如幻三昧”，可以入水不溺，入火不燃，点石成金，化现无穷。

在一次筵席上，正当诸位来宾兴高采烈之时，突然有人闯了进来，拿刀砍下了他的脑袋，把它悬挂在旁边的柱子上，而他坐在椅子上的身子却依然能够自由地活动。正当大家准备四散逃命之时，无头的难陀从容地站起身来，走到柱子旁，取下自个儿的脑袋，像戴帽子那样潇洒自如地将自个儿的头安在脖子上。惊魂未定的客人壮着胆子近前仔细打量，怎么也看不出对接的痕迹。

这则奇闻记载在唐代段成式编纂的《酉阳杂俎》一书中。其实现在的人们都明白，这只不过是一种幻术，类似于魔术师的大变活人之类的戏法。由于当时这类外来的“奇技淫巧”刚传入中土不久，所以古人少见多怪而已。

时光跨越千年，来到20世纪90年代。济南一座佛塔内石雕佛像的佛头也离开了他的身躯，满世界漂泊了五年多，最后又完好如初地聚首在他的身躯上。好奇的人们若

不仔细打量，也很难发现佛头曾经发生过身首分离的痕迹。

这可不是幻术，这是一件真实发生的惊动世人的因缘际会，这是犹如“神通”再现般的一段传奇经历。

一、佛头被盗

1997 年 3 月 7 日夜晚，春寒料峭，月黑风高。位于济南柳埠镇的四门塔，其东门内的阿閦佛雕像的佛头不幸被盗。消息传来，震惊了国人。

四门塔是其附近古神通寺的标志性建筑，是目前我国现存的最古老的单层石筑佛塔，一般认为它建成于隋炀帝时代的大业七年（611），距今已有 1400 多年的历史，早在 1961 年就被国务院列为首批全国重点文物保护单位。

四门塔东西南北四面每一侧都辟有半圆形拱门，故名“四门塔”。每一门内都供奉着一尊石雕的佛坐像，他们分别是：南面的欢喜世界宝生佛；北面的庄严世界微妙声佛；西面的是极乐世界无量寿佛，亦即阿弥陀佛；东面的是妙喜世界阿閦佛。

阿閦佛是东方妙喜世界的教主，号曰“不动如来”，意为对所有人类和动物都不能有所嗔恚。“阿閦”就是“无嗔恚”“无嗔怒”的意思。

阿閦佛的净土对女人特别眷顾，没有性别歧视。妇女在生理期和孕产期都没有任何痛苦，所以过去女子分娩前，常常祈求阿閦佛来保佑母子平安。

恰恰是这尊雕刻的最精美、最传神，也是四尊佛像中保存最为完好，尤其深受广大女信众崇拜的 1600 多岁的古佛头，竟然在妇女的节日——1997 年的“三八”国际劳动妇女节的前夜，不幸被不法分子盗走。

二、流转、聚首

阿閦佛头像被四名不法分子盗走后，很快就以 6 万元的价格卖给了文物贩子，然后流落到了海外。

他在外漂泊了五年，后被几位热心的佛教信众重金购得，辗转捐赠给了台湾法鼓山文教基金会。当法鼓山文教及禅修机构创办人圣严法师第一眼看到这尊佛像时，就对周围的人说“他有生命”，并即刻拜了他。

圣严法师是一位国际知名的禅师，日本立正大学博士，曾先后担任美国佛教会董事、副会长、台北中华佛教文化馆馆长、佛学研究所所长等要职，是台湾法鼓山的开山鼻祖。

圣严法师不但佛学造诣极高，是世界著名的佛教大师、宗教界精神领袖，还是一位出色的教育家、慈善家，长年在国内外倡导心灵环保、种族和谐，为推动世界和平而不遗余力。1998 年被《天下》杂志评选为 400 年来对台湾最具影响力的 50 位人物之一。他一生著述颇丰，在其百种著作中，《正信的佛教》《佛学入门》《学佛群疑》三本书几乎成为初学佛教者登堂进阶的案头必备书，仅《正信的佛教》一书在十几年前的发行量就超过了 300 万册。

圣严法师后来对大家说：“当这尊面带慈悲微笑的古佛头像在我面前出现时，内心的感动与欢喜难以形容。”圣严法师回忆道，他强忍住夺眶而出的眼泪，立刻俯伏在地，拜了下去，“好像流离失所的孩子，重逢慈母，投怀相依”。

圣严法师祖籍江苏南通，1998 年回大陆探亲后又先后多次赴大陆考察佛教遗迹。在大陆参访时，看到许多地方的佛像被盗取了佛头而只留下身躯，让他真有“残”不忍睹之感，而在参观境外许多国家的博物馆时，他发现这些博物馆大都藏有流落到海外的石雕佛头。这种“身首异处”的境遇令大师悲伤不已，就好像自己的头被砍了一样。这就促使他萌生了“完璧归赵”、让流浪的佛头回家的慈悲宏愿。

从见到佛头的那一刻起，大师就作出了为他寻找失主、送他回家的决定。他认为，虽然这件佛头可作为法鼓山的镇山之宝，但他更愿意让他回到自己的老家去。如能让古佛恢复旧观，为中华历史文化之保存尽一份心力，实为佛教无私无我精神的阐扬，远比留在法鼓山更有意义。

佛曰：“一旦起心动念，也就有了因果。”法师为此紧张地忙碌起来。在征得捐献人同意后，他首先让弟子们鉴定这尊佛头的年代和属地，初步得出了“风格具有北齐特点，石材来自河北、山东”的结论。之后，他又请台北艺术大学林宝尧教授联系山东大学美术考古研究所所长刘凤君教授，初步断定这尊佛头就是济南四门塔五年前所丢失的佛头。为确保万无一失，刘凤君教授偕同四门塔管委会刘继文主任应邀飞赴台湾作现场鉴定，最终确定这尊佛头就是四门塔阿閦佛的佛头。

见证奇迹的时刻终于来到了。

2002 年 12 月 17 日，圣严法师以 73 岁的高龄，亲率台湾法鼓山奉送佛头代表团一行 25 人，乘坐中国东方航空航班抵达济南遥墙国际机场，随即在警车护送下直接去往 60 公里开外的四门塔。

这尊佛头乘机时，并没有和其他行李一起托运，而是尊享商务舱机票，与圣严法师一起“乘坐飞机”飞回山东。

在从机场去四门塔的路上，圣严法师坐上了放佛头的专车，他说“他愿离佛头更近一些”。他怀着一颗赤诚的慈悲之心，寸步不离佛头，直至亲手将其捧送到四门塔管委会负责人的手中。

佛头回来了，圣严法师的功德盛举，似乎也感动了上苍：连续十几天的雾霾天气突然变得云开雾散，阳光灿烂，普照大地。

佛头被完好如初地安放在他的身躯上，身首合一，法体完璧。一切如他的法号所示：不嗔，不恚，不动，不摇。坚韧守候，沉默担当；无得无失，安祥舍报。走遍千山万水，流转聚首，终归故里。

圣严法师一行护送佛头到达济南遥墙国际机场（供图：原四门塔管委会主任刘继文）

2002年12月21日，圣严法师偕同中国佛教协会副会长明学法师、中国佛教协会常务理事明哲法师，共同为安座重生、法相一体的阿閦佛举行了隆重的开光仪式。当圣严法师将覆盖在阿閦佛身上的黄绸布缓缓拉下时，阿閦佛重生了。

天光映照，风止云栖。圣严法师无比激动地说："我不知道在过去世中，是不是曾经到过山东神通寺的四门塔，是不是礼拜过这尊佛像。但是，我们从中国佛教的古文献中得知神通寺的历史。我们必须认知，对这四尊佛像，后代的一般人士，虽把他们看作稀世的古代文物遗珍，而对于佛教的人士来说，经过1400年之间，都是把他们当作佛身及佛的无量悲智来礼敬供养的，就是看作住世护世普度众生的古佛来瞻仰皈依的。"

身首合一的阿閦佛

今天的四门塔

20 世纪初所拍摄的四门塔伤痕累累的南壁和东壁

“在隋唐时代，佛教的信仰中心，就是以佛塔来象征佛身往事的。所以我也将此佛头，当作佛的真身舍利来礼拜了，我也与曾经拜过这尊佛头的千千万万善男信女，同结善缘了。”

送走圣严法师一行，紧接着济南一带就喜降十多年未遇的大雪。大地银装素裹，一片圣洁。功德圆满，人天共慰；行愿具足，天花乱坠。两岸赤子携手，共同谱写了永载史册的大美华章。

三、四门塔的前世今生

四门塔是中国大地上屈指可数的、历经千年以上仍巍然屹立的石筑单层古佛塔。

虽然它经受了 1400 多年的风吹雨打没有倒下，但岁月还是无情地在它身上留下了斑斑伤痕。早在 1921 年，日本著名学者常盘大定来华考察佛教遗迹时，他当年所拍摄的照片就已显示四门塔的南侧墙壁出现了纵贯上下的巨大裂缝①，而与他同时代的瑞典学者喜仁龙所拍摄的照片也显示四门塔的东墙壁甚至出现了多条纵行的裂缝②，使四门塔随时都有倒塌的危险。

1936 年，梁思成、林徽因夫妇来四门塔考察时，发现四门塔已被荒草野树所掩，成为狐兔的栖身之地，连塔顶也长满瓦松和小草，以致看不清塔的全貌。

解放后不久，山东省文管会即对四门塔做了加固和维护；20 世纪 70 年代又对四门塔进行了一次大规模的翻修。也正是在这次翻修过程中，于塔内顶部发现了“大业七年造”

①参见［日］常盘大定：《中国佛教史迹》，廖伊庄译，中国画报出版社 2017 年版，第 71 页。

②参见［德］恩斯特·伯施曼：《中国宝塔 I（下）》，张胤哲、李学敏译，赵省伟主编：《西洋镜》第二十一辑，广东人民出版社 2021 年版，第 458 页。

的刻石，提示该塔的建造年代不会晚于隋炀帝当政时的公元 611 年。在发现刻石的同时，还发现了秘藏在塔芯柱内的舍利函及舍利，这批珍贵文物的现世，不禁让人们推测四门塔可能是隋代安置佛舍利的一座舍利塔，因为隋文帝杨坚在其晚年的仁寿年间，曾在全国范围内掀起了一场狂热的建造佛塔运动，史称“仁寿置塔”。

隋文帝杨坚从小就被寄养在佛寺中，直到 13 岁才被父母接回家中。自幼深受佛教氛围熏陶的他，终其一生崇佛礼圣，护教有加。当他以铁腕终结了上一个朝代——北周王朝后，迅速拨乱反正，终止了周武帝的大规模灭佛运动，“拯佛教于危难之时，兴佛法于将灭之际”。他在全国度僧尼 23 万余人，立佛寺 3790 多所。

开皇三年（583），隋文帝诏令京城及诸州官寺于每年正月、五月和九月八日至十五日期间广作法事，禁止杀生。

至其晚年，更普诏全国，在其生日那一天即每年的六月十三日禁止杀生，直接把佛法提升为国法。

隋文帝还在 585 年延请高僧法经入宫，亲自为他授菩萨戒；595 年，又请沙门发纯入宫，为皇后独孤氏举行受戒仪式。在这之前，法经上表尊奉隋文帝为“转轮王”。[①]

开皇二十年（600），文帝下令，“沙门道士坏佛像天尊，百姓坏岳渎神像，皆以恶逆论”。从国家层面把破坏佛道塑像列入“十恶”重罪之中，给予宗教最高等级的保护。“十恶”罪是不可赦免的，这就是成语“十恶不赦”的由来。

隋文帝在登基之前，有一位来自印度的高僧曾送给他一袋舍利，他一直将其珍藏在京城的佛寺中。荣登大宝后，

①参见韩昇：《隋文帝传》，人民出版社 2015 年版，第 410 页。

他效仿古印度阿育王的做法，将这些舍利分送天下，赐福众生，让天下人法喜同沾。用他自己的话来说就是让“一切人民，俱发菩提，共修福业；使当今现在爰及来世，永作善因，同登妙果”。

隋文帝分别于仁寿元年（601）、仁寿二年和仁寿四年三次颁布敕令，在全国110多个州府起建舍利塔，以迎奉舍利。这就是历史上有名的“仁寿置塔”。

当年，全国各地迎奉舍利的仪式非常隆重，所有僧尼都要为舍利设斋；地方官员刺史以下、县尉以上停止日常公务七天，全力保障这项重大的佛事活动的顺利进行。

护送舍利的特使都是从全国范围内遴选出的在当地卓有名望的高僧大德。莅临神通寺的僧人就是曾隐居泰山，“乐居岩穴，头陀苦行”的释法瓒。

实际上，从下诏那一天起，举国上下都沉浸在佛教的虔诚气氛中，深切感受到佛陀的神圣、皇帝的崇高和作为其子民的无限幸福。由此，人们的精神仿佛得到净化而升华，新的美好生活愿景展现在眼前，隋文帝充当“转轮王”的形象实至名归，愈加凸显。

第一批奉送舍利的敕令颁布于仁寿元年（601）六月十三日，即皇帝的诞辰日。要求接受舍利的30个州必须在同年十月十五日正午同时瘞埋。

第二批奉送舍利的敕令颁布于仁寿二年（602），全国又有51个州获赠舍利。正月二十三日下诏，要求同年四月初八佛诞日正午统一瘞埋。

第三批舍利于仁寿四年（604）送出，又有30州获赠舍利。这样在前两次 81 州的基础上再加 30 州，全国共有 111 州获赠舍利，同样要求四月初八日统一瘗埋。

神通寺是第三批获赠舍利的寺院。山东地区第一批获赠舍利的寺院是青州胜福寺（广福寺）、牟州（治在掖县）拒神山寺和泰山岱岳寺；第二批有济州崇梵寺（平阴洪范）、兖州普乐寺、德州会通寺等七处寺院；第三批才轮到神通寺。这样前后加起来山东一地共有 15 座寺院获赠了舍利。[1]至于为何神通寺最后才得到舍利，可能因为隋文帝在开皇三年（583）亲自给神通寺赐名时就赠送了舍利，或者其中还有其他未知的原因，只好有待进一步地考证了。

头道敕令给出的建塔时间是四个月，而第二道敕令给出的建塔时间竟压缩至两个半月。

当年，官府对各州安置舍利的“佛舍利塔”有统一的建造模式即“造样”，一律为方形木塔。舍利送出时必须放置于金瓶中，金瓶再放置于琉璃瓶中，然后以熏陆香（即中药“乳香”）封口，由从全国各地遴选出的高僧大德亲自护送至相关各州的寺院，埋藏时还要将其置于铜函中，铜函再放入石函内，连同石刻的塔下铭一起瘗埋于塔基下。迄今出土的 12 件舍利塔下铭均是埋藏在地下，并没有发现

20 世纪 70 年代所发现的秘藏在四门塔塔芯柱内的石函、铜函及舍利（供图：原四门塔管委会主任刘继文）

①参见景亚鹂：《隋仁寿年间敕建舍利塔综述》，西安碑林博物馆编：《碑林集刊》（十），陕西人民美术出版社 2004 年版，第 245~262 页。

如四门塔那样直接将舍利函安置于塔芯柱内的特例。

政府要求营造木塔的初衷是能够在较短的时间内为舍利的安放寻求一个相对理想的场所，因为在这么短的时间内是不可能建起砖石结构的佛塔的。与神通寺相隔不远的灵岩寺内有座九层砖塔辟支塔，建于北宋年间，那还是中国历史上科技与文化最为发达的年代，竟用了 63 年才落成，可见造一座佛塔并非一朝一夕就能完成的易事。

灵岩寺辟支塔

另外，关于建塔的费用，政府鼓励老百姓踊跃捐资，但仅限于 10 文钱（10 元左右）以内，其余部分由政府垫付。政府不可能动用国库拿太多的钱将 100 多座舍利塔建成高规格的砖石结构佛塔，所以修建木塔不失为一种多快好省、经济实惠的举措。

据史料分析，隋代即使是在首都长安的皇家寺院中所建的佛塔，亦以木塔为主，这似乎是当时的一种流行趋势。

其中隋文帝在其晚年为故去的皇后独孤氏所建的东禅定寺佛塔、隋炀帝在大业元年（605）为其父皇所建的西禅定寺佛塔，均为七层木塔。二塔隔街相望，双塔对出，高耸入云，为京城一景。[①]

虽然建木塔花费少、工期短，但它的致命弱点是显而易见的：木塔无法抵御长年的风吹雨打和雷击火灾。“仁寿置塔”所建的110多座木塔至今无一幸存。据文献记载，与神通寺同一年受颁建塔的幽州智泉寺当年所建的“五层大木塔”，就是在唐代遭雷击，被“天火焚塔”而烧毁的。[②]后来智泉寺塔基下的舍利又移藏于悯忠寺，即如今的法源寺。

当年送至神通寺的舍利，估计也是安置在这种全国统一制式的木塔中，后来与其他木塔的结局一样，毫无例外地因天灾人祸而早夭，唯有埋藏在地下的舍利函得以幸免。

束手无策的僧人们只好将原本就矗立在青龙山腰的四门塔塔顶揭开，将劫后余生的舍利函封藏在塔芯柱内。而“大业七年造”就是记录这次佛舍利重新安置的时间。因为从迎奉舍利的604年至刻石所记的611年之间仅有七年的时间，木塔存续的寿命又无从考证，故推测四门塔是不太可能在较短的时间内建造起来的。从此，这座原本供奉四方佛的石塔，又肩负起一项新的历史使命：封藏佛舍利，成为一座名副其实的舍利塔。

迄今为止，虽然与“仁寿置塔”有关的舍利函、舍利瓶以及舍利塔下铭出土不少，但作为舍利塔而一直保存至今的，全国范围内只有四门塔和陕西周至县仙游寺的法王塔，后者为七层方形砖塔，1998年因整体搬迁而发现地宫，

①参见宿白：《隋代佛寺布局》，《魏晋南北朝唐宋考古文稿辑丛》，三联书店2020年版，第314~315页。

②参见刘慧：《泰山佛教史》，山东人民出版社2018年版，第238页。

地宫内藏有舍利函、舍利瓶与舍利子，据同时出土的石刻塔下铭的记载，证明这些舍利确实是在仁寿元年由隋文帝所颁。其中舍利瓶的形状、颜色及材质与四门塔出土的舍利瓶相似，均为淡绿色胆形琉璃瓶，在当时属于十分罕见的珍宝。这也从一个侧面证明四门塔内所封藏的舍利确是当年隋文帝所赠的舍利。

如上所述，四门塔是后来才被赋予舍利塔的神圣职责的，而法王塔估计也是木塔修建在先，后来才以砖塔取代了木塔。

其实，四门塔原本就是为供奉其内的四尊佛像而建的。

四门塔内的四尊佛像，是东魏高官杨显叔于武定二年（544），在其父去世后十四天忌日，也即民间“烧七”习俗的“二七”那一天，为给先父祈福而捐资雕刻的（由此可见传统风俗的历史有多么悠久）。也就是说，他们是专门为四门塔而量身打造的。

杨显叔的头衔多得吓人，如果印在今天的名片上绝对亮眼：“冠军将军；司空府前西阁祭酒；齐州骠大府长流参军。”“冠军将军”相当于大军区司令；“司空府”相当于建设部，“西阁祭酒”则属于司空的下属；而“长流参军”则是分管司法的官员。杨显叔可能曾供职过以上这些政府部门，在当时是地位十分显赫的权贵人物，所以才会有这么雄厚的财力来定制这四尊佛像。

我们不妨举个例子来看这项工程需靡费多少人工：曾为隋文帝授菩萨戒的隋代高僧灵裕，曾在安阳灵泉寺开凿大住圣窟，进深面阔都不到四米，高 2 米多，用工多达

1624；为浮雕窟内的卢舍那、阿弥陀和弥勒三尊佛像，另外用工 900。[①]由此可佐证雕刻四门塔内的这四尊佛像耗资耗时均不在其下，这对于普通信众来说是难以企及的。

另外，还有一座与杨显叔造像同时代的“东魏邑义五百余人造像碑”，原来竖立在河南淇县浮山封崇寺内，民国初年被盗卖至国外，现藏美国纽约大都会博物馆。该碑的碑阳雕刻的是《维摩诘经》的经变故事，人物众多，刻画精美，被誉为“造像碑之冠”。碑阴刻有 500 多名捐资刻碑人的名字，他们当中有政府官员、将军、寺院管理者、僧人以及男女村民等社会各阶层人士，其中官阶最高者为时任林虑太守的赫连子悦。林虑即今河南林州市，“红旗渠”的所在地。

根据碑文记载，这么多官民僧众、男女人等共同出资雕刻这通 3.08 米 ×1.12 米的造像石碑，自北魏永熙二年（533）至东魏武定元年（543），竟然花费了十年的时间。虽然不排除这当中由于战乱造成的工期延误，可也能说明在那个时代雕刻一座佛像、一通造像碑并非是一件易事。

当年四门塔中的这四尊佛像都是独立雕刻的，移入塔内后背靠塔芯柱而坐，面朝四门方向摆放，他们本身并没有明确的标志来表明各自的不同身份，后人只是根据他们的朝向，对照佛经的有关记载来判定他们是属于何方神圣。从严格意义上来说他们是四方佛而不是四面佛。经典的四面佛是在一块石头的四面分别雕刻出四尊佛像，法相即成，各司其职。

与神通寺下院灵岩寺一山之隔的长清张夏小寺村，目

①参见丁明夷:《佛教新出碑志集萃》，东方出版社 2016 年版，第 55 页。

前保存有唐代神宝寺所遗留的一尊标准的四面佛石雕残体，佛头均已不见，但身躯与莲花宝座保存完好。从台座的装饰精美华丽和佛身袈裟凸显的“曹衣出水”纹样，不难看出具有盛唐时代的典型风格，足以让人想象出当年宝相庄严时的美轮美奂。

张夏小寺村神宝寺遗址四面佛残体

神宝寺碑现藏泰山岱庙，碑文记载当年“寺内有石浮屠两所，各十一级，舍利塔一所”。可见僧人们对当时寺内的普通石塔与舍利塔分得很清楚，这进一步佐证了四门塔可能一开始并非是作为舍利塔而建造的。其实，东晋法显所译的《摩诃僧祇律》对此早就予以了阐明：“有舍利者，名塔；无舍利者，名支提。此诸支提得安佛、华盖、供养。”也就是说，塔（梵文称“窣堵波”）的最初功能是安放佛舍利，而“支提”的主要功能是供奉佛像。后来人们把它们混为一谈，统称为“塔”，而“支提”逐渐不为人知。[①]如果按照这种分类，四门塔原本是为安放四尊佛像而建，就属于“支提”，可后来它又秘藏了舍利，就转而可以名正言顺地称呼其为“塔”了。

四、阿育王再世

仁寿置塔后不久，各地纷纷上奏发现“祥瑞”，称颂隋文帝的丰功伟绩。

朝廷四权贵之一的安德王杨雄，率领文武百官上表，为隋文帝这一“功在当代，利在千秋”的善举歌功颂德时说：“自释提请灰之后，育王建塔以来，未有分布舍利，绍隆胜业。”在此明确无误的将隋文帝比作阿育王，把仁寿置塔看作是继阿育王之后弘扬佛法的又一座里程碑。《续高僧传·昙迁传》也说当年的仁寿置塔“建轨制度，一准育王”。

阿育王是佛灭后200年，古印度孔雀王朝的第三任皇帝。他的前半生是个专制的暴君，曾在当时的帝国首都华氏城（今巴特那）营造过阴森恐怖的“人间地狱”，残酷迫害反对他的人，至今遗迹尚存。济南长清灵岩寺的辟支塔基座上，就雕刻有阿育王当年所施的各种酷刑，如锯身、

灵岩寺辟支塔基座上的浮雕，表现了阿育王当年所施的各种酷刑

① 参见阿城：《昙曜五窟：文明的造型探源》，中华书局2019年版，第156页。

油烹、锥头、研磨、拔舌等，无所不用其极，令人发指。

他的后半生是“放下屠刀，立地成佛”的转轮王形象。在经历过一场血流漂杵的征服羯陵伽国的战争，15万人被俘、10万人死伤的惨状让他的心灵受到了强烈的震撼，促使他改变了嗜杀的本性，转而皈依了佛门。

为彰显他的虔诚，阿育王在全国多处佛教圣地竖起了30多根高达十几米的巨大石柱，上面镌刻有皇帝口谕的崇佛敕令，昭告天下，护持佛教的转轮王已经出现在世间。

东晋的法显去印度取经时见到过六根石柱；唐玄奘见到过15根，如今仅存12根石柱。[①]印度国徽的图案就取自鹿野苑阿育王石柱柱头上背靠背站立的四只雄狮。

佛陀涅槃后，佛身化作舍利成为圣物，被当时的八个小国瓜分，分别起塔供养。后来，阿育王为了让全国人民都能就近礼拜舍利，打开了其中的七座塔，将舍利重新分成8.4万份，奉送到各地建塔，供百姓瞻仰。

隋文帝亦步亦趋效仿阿育王的样子，表面上看似一场轰轰烈烈的宗教活动，实际上是对全国的政治宣示：昭告天下，我杨坚也像阿育王那样，以“正法”统治国家，以“十善”约束人民，我就是护法的转轮王再世，在朕的国度，人们将迎来佛光普照的太平盛世。

另外，隋文帝大张旗鼓地在全国范围内广建佛塔、分送舍利，还有一个更深层次的原因，那就是减轻他在夺权斗争中所形成的心理压力和平复众怒。

隋文帝是从他年仅9岁的小外甥手中赚得皇位的，天下人心不服，当年大司马尉迟迥就带头造反，惨遭镇压。

①参见薛克翘：《象步凌空：我看印度》，世界知识出版社2010年版，第159页。

平叛后的清算是极其残酷的。唐代高僧释道宣在《集神州三宝感通录》中披露了这次大屠杀的经过："拥俘虏将百万人，总集寺北游豫园中，明旦斩决。围墙有孔，出者纵之，至晓便断，犹有六十万人，并于漳河岸斩之，流尸水中，水为不流，血河一月，夜夜鬼哭，哀怨切人。"60万人，远远超过当年阿育王所杀的10万人。虽然这个数字有夸张失实之处，但对大屠杀经过的叙述，出自一位曾与唐玄奘一起译经的、德高望重的律宗祖师之口，时间、地点均与正史相符，可信度极高。也正是在这场浩劫中，400年前由曹操营建的六朝古都邺城，被杨坚一把火彻底烧光。

这场血腥的大屠杀从此成为隋文帝心中挥之不去的阴影，时刻萦绕在他的心头。虽然后来他曾辩解说当年虽有滥杀无辜，但属形势紧迫，不得已而为之，但此事终其一生，尤其在他的晚年无时无刻不在折磨着他的灵魂，所以才上演了仿效阿育王，广建佛塔，迎奉舍利的大规模礼佛运动。他祈求佛祖加持护佑，国祚绵延，福寿永昌；他虔诚悔过，致敬亡灵，减轻罪业。然而业不受报，第三次仁寿置塔的当年，刚过完64岁生日之后一个月，杨坚就在他钟爱的"仁寿宫"中去世。14年后，他的辉煌帝国就葬送在他的次子隋炀帝杨广之手，短命的隋朝享国仅38年。

五、泰山僧团的标志

四门塔不但历史悠久，而且风格独特。它的建筑风格承袭自古印度覆钵式佛塔的模式，又融入四平八稳、方正敦厚的中国古代传统建筑元素，虽然通体没有华丽的雕饰和复杂的线条，但仍显得造型古朴，厚重大方，令每一位驻足于此的人会不由自主的产生出一种敬畏之感，深切感受到佛门净地所营造出的静穆与神圣。

塔内供奉的四尊佛像，法相庄严，造型优美，端庄大方。他们虽无言说，却以心为本，以慈悲、平等、智慧为体，以美为相，以利生为用，传递出佛门的素朴、沉静、庄严及宽容大度的气息。

四门塔所独具的建筑风格主要在泰山周围凸显，它似乎已成为泰山僧团的一种标识，它昭告世人：在泰山的崇山峻岭中，只要你抬头看到这种风格的佛塔，就表明这所寺院属于神通寺的法嗣。唐高宗显庆三年（658），神通寺住持明德禅师在千佛崖造像时，还特意在佛龛左侧雕刻了一座四门塔缩微像，仿佛一枚泰山僧团的印章镌刻在岩壁上（见第三章“高僧明德造像”）。

四门塔

灵岩寺法定祖师塔

长清张夏土屋村北山上的义净灵骨塔（证盟塔）

在神通寺周围三四十公里范围内所散布的寺院内，如灵岩寺的祖师塔和惠崇塔、长清崮山的衔草寺塔、张夏四禅寺北山的证盟塔，其外形都与四门塔风格相近，一脉相承，它们只不过像是四门塔的缩小版而已。这从一个侧面佐证了神通寺与上述寺院在历史上曾是上下院的隶属关系。

“四门塔上有历史，龙虎塔上有故事。”让我们把目光从四门塔投向西北方向，去聆听古老的龙虎塔所发出的“龙吟”与“狮吼”吧！

四壁峰山，满目清秀如画；一树擎天，圈圈点点文章。
——【宋】苏轼

第二章 龙虎塔

与静谧的四门塔相比，龙虎塔则显得热闹多了。

龙虎塔就在四门塔的西北方向，白虎山下，墓塔林的最南端。

龙虎塔始建于唐代，即将冠顶时不知何故停了下来，成了“半拉子工程”，一直拖到近一个世纪后的北宋，才把塔的上半部分建完。但由于塔身是石头的，后补的部分是砖砌的，二者建筑风格存有一定的差异，故称其为“唐代身躯宋式帽”的组合。

龙虎塔是目前我国保存最为完好的佛教石雕艺术瑰宝之一，1988 年 1 月 13 日被国务院列为全国重点文物保护单位。

龙虎塔

龙虎塔塔身四壁由高浮雕、浅浮雕和透雕等复杂手法巧妙结合，斧凿而成宏大的佛教经变场面，乍一看真称得上“繁文缛节”，令人眼花缭乱：佛、菩萨、佛弟子、居士、天王、力士；夜叉、飞天、乐伎、舞伎；龙、蛇、狮子、大象等花鸟鱼虫构成的大千世界融于方寸之间，给人的第一印象只不过是像在各处佛教寺院中常见的那种程式化的装饰画而已，令人目不暇接，不知所云。然而，当你仔细端详那一幅幅由1000多年前虔诚的匠人精雕细刻的线条，结合你所了解的有关佛教的知识和读过的佛学经典，你就会从一个只会“看热闹”的门外汉，突然眼前一亮，心胸豁然开朗，蓦地感到浮雕上的人物和动物一下子动了起来，活了起来，他们穿越历史的时空，把激动人心的佛传故事向你娓娓道来。

当你驻足于龙虎塔下，急于想了解壁画的内容时，请你首先关注每一侧门洞上方尖拱形的门楣，那里面就藏有解开每个故事的“密钥”，就像我们小时候回家时经常踮起脚尖从门框上摸钥匙那样。有了这把钥匙，你就能打开佛教的宝藏之门，进入一个殊胜美好的新天地。

一、东壁故事：佛陀诞生

（一）七步宣言

塔身东壁讲述的就是佛陀诞生的故事。

尖拱门楣内正中站立者为刚诞生时的释迦牟尼。

根据佛经的描述，释迦牟尼出生后，右手指天，左手指地，无人扶持，朝每个方向各走七步：

他朝东方迈出七步，说道：“我将成为一切善根之法的先驱。”

他朝南方迈出七步，说道：“我将接受众神和众人供奉。”

他朝西方迈出七步，如狮子吼般宣示：“这世上唯我独尊。这是我在娑婆世界的最后一生，我将结束生、老和死的痛苦。”

他朝北方迈出七步，说道：“我在一切众生中至高无上。”

他朝下方迈七步，说道：“我将降伏摩罗和魔军，我将用伟大的法雨扑灭一切地狱之火，让众生获得幸福。”

他朝上方迈七步，说道：“我将受到一切众生的仰望。”

龙虎塔东壁雕塑

随着佛陀迈出坚定的步伐，他的头顶上现出华盖和拂尘，地上迸出圣洁的莲花。这就是佛传故事中著名的“七步宣言”[1]。

①参见郭良鋆：《佛陀和原始佛教思想》，中国社会科学出版社2011年版，第35页。

据佛经记载，太子出生放出的光明掩映了这个世界上其他一切光芒。无数的天神、天女或持华盖，或奏天乐，或撒天花，围绕在太子周围。大地产生了十八种奇特异象、六种震动，盲者得视，饥者得食，病者得愈，一切众生都即时从欲苦中解脱出来，感受到殊胜的快乐。

如何理解这近似神话般的描述，季羡林先生的关门弟子钱文忠的一席话或许能给我们一些启迪。他说："如果按照今天的严格要求，那么，佛经里根本就没有哪件事情，我们可以断定在历史上真实发生过。但是，我们并不能因此就采取历史虚无主义的态度去看待一切。佛经告诉我们，早期的佛弟子很看重佛陀的诞生、出家、求道、觉悟、传法和涅槃。而这些正是构成佛传的最关键的节点。佛教是一种宗教，佛陀经历了由凡人觉悟成佛的历程，很多事件也确实夹杂了神通魔幻。尽管我们不得不面临很多困惑，对许多细节更是无法掌握，但是我们仍然相信这些主要事件的大体情况还是可靠的，在历史上是曾经发生过的。我们不宜用现代的或者科学的心态，来阅读和理解佛经；而应该用适当的方法，领悟其中的'方便'与特殊的智慧。这点很重要，不然，我们理解不了佛经，也无法理解古代的很多事情。"①

释迦牟尼是佛教的创始人，公元前565年，对应中国的夏历四月初八日，出生于尼泊尔与印度接壤的蓝毗尼园（今尼泊尔蓝毗尼专区布德沃尔市）。那时正值中国周朝的春秋时期，他与中国的老子是同时代人。

佛陀生在一个地位显赫的刹帝利家庭：父亲净饭王是

① 参见钱文忠：《人间佛陀释迦牟尼》，华文出版社2015年版，第35、50页。

古印度释迦族迦毗罗卫国的国王；母亲摩耶夫人是邻国拘利国的公主。

佛陀俗姓乔达摩，名悉达多。

乔达摩意为“最好的牛”；悉达多汉语意为“吉财”，梵语意为“一切义成”，这就如同中国的父母常常喜欢给自己的孩子起一个寓意吉祥如意的名字那样。

出家前人们称他为“释迦太子”，得道后被人称为“释迦牟尼”，意为“释迦族的圣人”，简称为“佛陀”或“佛”，前者译自古印度方言，后者译自中亚的吐火罗语，其意均为“觉悟了的人”。

在佛经中，弟子们常称佛陀为“世尊”，而佛陀常称自己为“如来”，“如”指真如，意为秉承如实之道而成无上正觉，故名“如来”。佛陀初转法轮时曾对他的信众说：“我证得大道，也希望让你们能证得。你们将听到我第一次说法。这些法并不是我单纯思维而得，而是我亲自体证的，请你们平静地、留心专注地听。”这是佛陀本人对“真如”的诠释。

在中国的佛教寺院中，供奉释迦牟尼佛的正殿称为“大雄宝殿”。“大雄”最初是指印度耆那教的创始人筏驮摩那，他与释迦牟尼是同时代人，又都是主流教派的“伟大英雄”，故中国人将释迦牟尼也称为“大雄”。大者，包含万物；雄者，慑伏群魔。佛陀具足圆觉智慧，能雄镇大千世界，称“大雄”实至名归。

释迦太子长大成人后，有感于人一生中的生老病死之苦，29 岁时，他毅然放弃舒适的王子生活，走上探寻人生真谛的漫漫之路。35 岁时，他在菩提伽耶的大菩提树下悟道成佛，从此开始了他 45 年不停奔波、普度众生的传法之旅。他传教的地域主要在恒河中游一带，以古印度摩揭陀国首都华氏城（今比哈尔邦首府巴特纳）为中心方圆约 400 公里的范围内，一生栉风沐雨，为法忘躯，直到 80 岁圆寂。他所创立的佛教，已经不单单属于他曾经用脚丈量过的那一小块儿土地，而是超越了种族、地域及文化，成为全世界、全人类最珍贵的精神财富，历经千百年的风风雨雨，生生不息，遍及五洲。

（二）龙王护佑

龙虎塔，龙虎塔，龙虎塔上腾骧着形态各异的龙，所以才叫它“龙虎塔”。

佛陀成道后，畜生道中的生灵，龙是最先见到佛的。

龙在梵语中称作“那伽”（Nāga），实际上是指蛇，它属于印度民间信仰的自然神灵，曾是印度北方蛇族人即“那伽”的图腾。

“那伽”的概念几乎是跟佛教同时传入中土的，入乡随俗的译经师们把它翻译成汉地民众所熟知的“龙”，而将“Nāgaraja”译作“龙王”。

当然，佛教中的龙跟中国传说中的龙有天壤之别：中国龙是中国人祖先的象征，神圣无比；而在佛经中，龙虽然具有非凡的神通，但本事再大，仍位列畜生之道，本质上与其他动物没有任何区别，往往是前世做了孽，才转生为龙。

在佛传故事中，有关龙的描述通常分为两种情形：

一类是龙作为邪恶势力或是异教的象征，被佛陀无边的法力所降伏。如玄奘《大唐西域记》所载，居住在斯瓦特河上游“龙泉”中的龙王阿波罗逻，经常搅得斯瓦特河河水泛滥，殃及无辜。佛陀听说后携金刚神来此，金刚神用金刚杵敲打山崖，“敲山震龙”，龙王深感恐惧和震惊，于是服服帖帖地从水中出来，乖乖地皈依了佛祖。

另一类情形是龙或龙王主动护持、礼拜、赞叹佛陀，以此来彰显佛法的神圣与崇高，如在健陀罗佛教雕塑中所经常见到的题材：迦罗龙王的皈依和文邻瞽龙护持。[①]

佛陀成道后，迦罗龙王将自己的宫殿布施给释迦牟尼，释迦牟尼在龙宫中结跏趺坐七日，而迦罗龙王同时也受三自皈依，即皈依佛，皈依法，皈依僧。

文邻瞽龙住在摩揭陀国的“目真邻陀龙池”，他以身体绕佛七匝，并伸出七只头来覆盖佛身，为其障蔽蚊虻寒暑。[②]

释迦太子出生后，第一项最重要的仪式就是“灌顶沐浴”。《修行本起经》记载：“有龙王兄弟，一名迦罗，二名郁迦罗，左雨温水，右雨冷泉”，给太子沐浴；《过去现在因果经》记载：“难陀龙王、优波难陀龙王于虚空中，吐清净水，一温一凉，灌太子身。”

灌顶沐浴有给受洗者赋予神圣性的意涵，太子沐浴灌顶从此就成为之后纪念佛陀诞生的重要仪式，佛诞日也因此被称为“浴佛节”。后来，在汉传佛教中，又出现了“九龙浴佛”的情节，十六国时期后赵的皇帝石虎，曾多次在

①参见孙英刚：《健陀罗浮雕中的佛陀与龙》，《文史知识》2017年第10期，第84~91页。

②参见孙英刚、何平：《健陀罗文明史》，三联书店2018年版，第339、341页。

四月初八佛诞日于首都邺城举行盛大的“九龙灌顶”仪式，仪式上类似花车游行的四轮檀车尤其引人注目：车上安置一尊金佛像，随着车子前行，十余个身披袈裟的木制僧人围着佛像环绕旋转，每至佛前则作揖礼佛，同时九龙吐水灌洗佛顶。车行则木偶动、龙吐水，车停则皆停，这在当时的确是一项令人叹为观止的“创造发明”，特别吸引人的眼球。[①]

门楣中释迦太子两侧跪坐举盘献礼者即为龙王兄弟。

门楣左下方持金刚杵者为一力士，门楣右下方持戟者为一天王，他们都是寺庙门口常见的护法神，二者的区别在于力士常为束发，而天王多佩冠披甲。右侧天王的左脚下有一条蛇昂首上扬，寓意门楣内的龙王其实是它的化身。

门楣内两位龙王托举的盘中盛放的是稀世珍宝摩尼宝珠，关于这些宝珠的来历，在佛经中还有一段不平凡的传奇经历。

（三）善事太子入海记

据《贤愚经》记载，在很久很久以前的过去世，释迦牟尼曾为波罗奈国宝凯王的太子，名叫“善事”，他还有一个同父异母的弟弟，名叫“恶事”。兄弟二人虽为同胞手足，但秉性悬殊：善事温顺仁慈，恶事狡诈残忍。

善事对广大的劳苦大众和老弱病残常生怜悯之心，经常把国库中的财富拿出来施舍给贫穷的百姓，久而久之国库日渐空虚。为了弥补亏空，能让善行持续下去，善事不顾家人及臣民的极力反对，决定拼死一搏，亲率一支船队

①参见史昌友:《邺城·邺文化·曹操》，中州古籍出版社2012年版，第197页。

去大海中寻求宝藏。500位商人与弟弟恶事也一同前往。

航船一路劈波斩浪，历尽艰辛，终于抵达藏有宝藏的海域，海里数不清的宝贝令人目不暇接，不知拣哪个是好。太子告诉大家，要择优而取，量力而行，不可过于贪心，以免不堪重负，船毁人亡。

叮嘱完大家后太子不畏艰险继续前行，终于在深海的龙宫中获得了如意宝珠——摩尼珠，还有另外500颗普通宝珠。据说摩尼珠来自于摩揭鱼的脑中，而摩揭鱼是海中的大鱼，属于鲸鱼一类。摩尼珠可以变幻出人们想要的所有东西，所以也叫作“如意宝珠”。

贪婪的弟弟见哥哥走后，自作主张，命众人尽其所能疯狂地拣宝，装满船后扬帆而去，但船只终因超载，经不起风吹浪打而沉没，只有恶事一人侥幸生还。

怀揣宝珠、踏浪而归的太子救起了奄奄一息的弟弟，安慰他不必因失去船只和财宝而过于伤心，告诉他如意宝珠已取得，很快就能让它变出无尽的宝贝。可是弟弟顿时心生恶念，趁太子熟睡之时用毒刺刺瞎了他的双眼，夺走宝珠，迅速赶回家去邀功请赏，并谎称太子已在海上遇难身亡。

痛苦不堪的太子所幸被一牧牛人所救，拔掉了他眼中的毒刺，医好了他的创伤，但他却双目失明，流落异乡。后来他为生活所迫，靠弹琴卖艺为生，还在皇家果园里间做杂役。

他的琴声吸引了公主的注意，公主慢慢被那凄切哀婉的琴声所打动，也深深爱上了这位不同凡俗的盲人，最后

不顾家人的强烈反对毅然嫁给了他。

婚后善事太子出乎意料地得知公主此前订婚的夫婿就是他本人，因为传言他已在海上遇难，所以公主一直引以为憾。善事告诉她他就是那个太子，起初大家都不相信，但公主的父王曾在过去访问波罗奈国时见过太子，翁婿一见果然不差。大家喜出望外，举国一片欢腾。这时太子的双眼也奇迹般地复明，与祖国也取得了联系。不久，新婚夫妇在国王的亲自护送下荣归故里。波罗奈国迎亲的大队人马早早就等候在国门，善事与父母相见后喜极而泣，抱头痛哭。

迎亲的队伍中唯独不见弟弟的踪影，善事询问后方知因实情败露，恶事已被父王关进大牢。太子不计前嫌，央求父王看在兄弟一场的情分上放他一马，让他悔过自新。国王答应了他的请求，释放了恶事。

太子从恶事那里要回来宝珠，焚香供奉，为百姓谋利益，祈福报，从此国家繁荣富强，人民丰衣足食。

据佛陀自己讲，故事中的恶事就是他的堂弟提婆达多。当年，提婆达多为了争夺佛教僧团的领导权，曾千方百计施展各种手段企图加害释迦牟尼：他驱赶灌醉酒的大象企图踩死世尊；推下灵鹫山顶的巨石想砸死世尊；推倒一堵墙想压死世尊……但任凭他机关算尽，所有的计谋都未能得逞。在佛陀无上正等正觉的法力面前，提婆达多的阴谋诡计都化作泡影，最后如一条丧家之犬落荒而逃，落得个众叛亲离的可悲下场。为此，季羡林先生还专门写了篇文章《佛教开创时期的一场被歪曲被遗忘了的路线斗争——

提婆达多问题》，分析探讨了这场2000多年前在古印度上演的惊心动魄的历史活剧，诠释了这场兄弟之间你死我活的个人恩怨的产生缘由。①

公元前565年，中国历法四月初八日，佛陀诞生之时，畜生道中的众生，龙是最先见到佛的。在这个神圣的时刻，龙王兄弟自然要献上佛陀前生前世为了国家福祉、百姓幸福而不畏艰险、踏浪蹈海，舍生相求的摩尼宝珠。

龙王兄弟向释迦太子敬献宝珠

你看门楣内释迦太子左侧跪进的就是龙王迦罗，他右手托着的盘中盛放的那颗硕大无朋的圆形宝珠就是有求必应的“如意宝珠”；太子右侧跪进的是龙王的兄弟郁迦罗，他左手托着的盘中盛放的是另外那500颗普通的摩尼宝珠。

整幅画面右上角是骑象的普贤，左上角是骑狮的文殊。在许多中国佛寺的大雄宝殿内，释迦牟尼佛的左胁侍是智慧第一的文殊菩萨，右胁侍是德行第一的普贤菩萨。这种

①参见季羡林：《季羡林全集》第15卷，外语教学与研究出版社2010年版，第184~218页。

排列方式起源于《法华经》，定型于《华严经》，故被称为“华严三圣”；而现代最常见的组合方式为释迦牟尼的左侧是东方净琉璃世界药师佛，右侧是西方极乐世界阿弥陀佛。

画面右下方、天王的外侧站立者是阿难，左下方力士的外侧站立者是迦叶（叶读作shè），阿难年轻英俊，迦叶则显得饱经沧桑。他俩也经常分列佛陀的左右，是中国佛教造像中最常见的标配。国内最大的阿难、迦叶雕像位居洛阳龙门石窟卢舍那大佛两侧，与龙虎塔上的站队一样：右侧是阿难，左侧为迦叶。

龙虎塔上的阿难

“阿难”意为“欢喜”，他是佛陀的堂弟。由于他年轻聪明伶俐，出家后便被众弟子推举为佛陀的侍者。他悉心侍奉佛陀长达25年之久，形影不离，直至佛陀涅槃之时。

阿难记忆力超群，平日里佛陀所开示的教义他都能铭记心中，因此有“多闻第一”的美誉。佛陀涅槃后三个月，五百弟子在王舍城举行了第一次结集，正是在这次具有划时代意义的集会上，阿难凭借他惊人的记忆力，背诵出了佛陀生前教诲过的大部分箴言，对佛陀毕生的言传身教做出了系统的整理，对日后佛教教义从单纯的口头传承提升到付诸文字做出了不可磨灭的贡献。

迦叶全称“摩诃迦叶”，意为“大迦叶”。他出生在王舍城附近一个十分富有的婆罗门家庭。在印度，婆罗门属于一等公民，其次才是刹帝利、吠舍，最底层是首陀罗，他们之间壁垒分明，等级森严，其历史影响延续至今。

早年佛陀在王舍城竹林精舍说法时，大迦叶听后如醍醐灌顶，深受启发，立即皈依了释迦牟尼。

在僧团中，大迦叶成为艰苦修行的榜样，常常独自一人隐居到山林中修头陀苦行，被尊为“头陀第一”。佛陀曾劝他年纪渐大，不适于继续苦行，以免妨害身体，但他没有答应，仍一如既往地坚持苦修，以苦为乐，历练身心。佛陀称赞他是未来佛法的最佳住持人选。

这位头陀第一的大迦叶还是禅宗的初祖。据佛经记载，有一次佛陀在灵鹫山上说法，手拈一朵金色的花朵默默无语地示现给众人。众人都不解其意，唯有大迦叶露出了会心的微笑。佛陀拈花，迦叶含笑，这就是“拈花微笑”的由来。佛陀以“拈花”来寓意“不立文字，教外别传”，这只有迦叶心领神会，真正领悟到了佛陀的用意，所以佛陀将衣钵传给了迦叶，赋予他薪火相传的重任。因此，中国禅宗把大迦叶奉为“西天第一祖师”。

佛陀涅槃后，迦叶便担当起了统领僧团的职责。在他的感召下，五百罗汉齐集王舍城，进行了第一次结集，对佛陀生前的教诲进行了系统的整理和总结，为日后佛教队伍的发展壮大作出了巨大的贡献。

佛陀示寂前曾嘱咐迦叶，让他一定要晚一点进入涅槃，等待弥勒出世后将衣钵亲手交给他，以完成对未来佛接力棒的交接。遵照佛陀的遗命，迦叶闭关于菩提伽耶东北 32 公里的鸡足山中，还有一种说法是在中国云南大理的鸡足山中，度过漫长的岁月，默默等待弥勒的到来。

弥勒如今在哪里？他现在正在兜率天宫中，等待时机成熟下生到我们这个世界中来。

这面雕刻的背面讲述的就是弥勒和释迦怎样从兜率天宫降临人世间的故事。

二、西壁故事：乘象入胎

在龙虎塔西壁尖拱门楣内，一头六牙白象背驮宝珠，在彩云的承托和两位飞天的护持下正奋力向前奔跑。门楣右下角是骑象的普贤菩萨；左下角是骑狮的文殊菩萨。如前所述，他们都是释迦佛的标配胁侍。

（一）佛陀的下生

释迦牟尼在成佛之前是在过去世经历了无数次的轮回

乘象入胎

和累世修行，并修满布施、持戒、忍辱、精进、禅定及智慧这“六度”才得以降生于现在世成长、出家、修道、成佛的。“六度”不仅是大乘佛教修行的六种核心方法，也是佛本生故事分类的依据。

六牙白象不仅象征着释迦牟尼经过了过去世的轮回降临母胎的形象，代表着“六度”，而且预示着释迦牟尼将在现在世普利众生的特殊身份。[①]

释迦牟尼在成佛之前为菩萨身，最后一次降生人间之前也是居住在兜率天宫中。

佛教认为我们头顶上的天空有许多层，第四层即为“兜率天”，距离我们三亿二万“由旬”。古印度的一“由旬”，约等于六点四公里。参照地球到月球的距离三十八万四千公里，可以推算出地球到兜率天的距离大约是地球到月球距离的五千倍。

兜率天内有“兜率天宫”，按照惯例，所有菩萨在最后一次降临人间之前，都必须先居于兜率天宫中修行，为来日下凡作好准备。

据佛经《神通游戏》描述，释迦牟尼在下凡前曾经广泛征求众菩萨的意见，究竟选择哪一种方式投胎为好。大家各抒己见，最后一位名叫胜光的仙人提议以一头体形魁梧、头顶红色、光彩熠熠的六牙白象投胎为好。释迦牟尼采纳了他的建议，然后认真选择了时间、地点、父母、妻子、侍者以及成佛后的弟子、将要教化的对象等，终于在一个温馨的夜晚，趁着迦毗罗卫国王后摩耶夫人酣然熟睡之时，化作白象，从夫人的右胁翩然而入。从此，一个伟大的生

①参见赵艳：《释迦牟尼神话》，社会科学文献出版社2019年版，第139页。

命在摩耶夫人的体内含苞孕育，即将给世间带来无限的光明和福音。

（二）思惟人生

在寺院中，人们最常见到的释迦牟尼的坐姿是“结跏趺坐”，简而言之即“盘腿坐”，当然这其中还有“吉祥坐”与“降魔坐”之分，在此我们不予详细介绍。

另外还有两种不常见的坐姿为“半跏坐”和“游戏坐”：半跏坐即坐在椅子或台座上，舒一腿，另一腿盘起，搭在对侧的膝上，有点像我们常见的“翘二郎腿”；游戏坐则是将盘起的腿不搭在对侧的膝上，而是直接搁在台座上。

采取以上坐姿，如果同时以一只手“支颐”即托腮，则称为“半跏思惟坐”，此处“思惟”通“思维”。

无论在古印度还是在中国，半跏思惟像主要用来表现成佛之前的释迦太子和弥勒菩萨。

释迦太子尚未成佛前也位列菩萨之行。菩萨所具备的两种基本功德：寻求悟道的上求菩提性格和发愿救济众生的下化众生性格，或者说“智慧”和“慈悲”两种道行正是通过这种独特的“半跏思惟”形象来表现的，它凸显出释迦太子在觉悟之前

呈“半跏思惟坐”的释迦太子

对生死之苦的思考和对生命的无比慈悲怜悯那种苦思与无奈的瞬间画面。

唐代高僧释道宣在《集神州三宝感通录》中记载了一段有关“太子思惟像”的传奇经历：东晋僧人法显当年去西天取经时，曾投宿一寺，因患病而思念家乡的饮食。好心的主人见他对西域的斋饭毫无食欲，即令一沙弥外出去寻找中国食物。不一会儿那沙弥就捧着一钵中国饭回来了，但脚上却有伤口在流血。法显问他缘由，他说他是到了中国的彭城（今徐州）一位名叫吴苍鹰的家里化来的中国饭，但不小心被他家的狗咬伤了脚踝。法显在无限感激之余，心中暗自思量这位沙弥着实了得，这么短的的工夫就跑了万儿八千里，绝非常人。

十五年后法显从海路回国，风暴把船吹到了山东崂山近海，在那里登陆后经彭城到达东晋首都建康。路过彭城的时候，他特意找到了吴苍鹰的家，打听当年是否有此事发生。吴苍鹰回答确有此事，并指着大门对法显说：“这门上还有他当时留下的血迹呢！”法显责怪他说：“这可是罗汉的血呀！你真是有眼不识泰山，怎么能让你家的狗咬伤他呢？”吴苍鹰听后深感惭愧，立即舍宅为寺，称为“吴寺”。

吴寺建成后，吴苍鹰四处寻求佛像供养。有一次在路上偶遇一位婆罗门僧人，手持一尊“太子思惟像”朝他走来，对他说：“我要将此像送往彭城吴苍鹰新建的寺院供养。”吴苍鹰说：“我就是你要找的人啊！”僧人说：“那就好，你先陪我到建康，我要将此像复制几份儿，分送其他寺院。”

于是他们二人先去建康，请人翻模复制了九尊圣像，加上原件一共十件。十尊圣像一模一样，纤毫不差。婆罗门僧人对吴苍鹰说：“你选一件带走吧。”这可愁坏了吴苍鹰，哪一件是原件呢？到了晚上，圣像又托梦给他，告诉他标记在哪。于是他按照提示选出了圣像原件，迅速带回了彭城，虔诚地供奉在吴寺之中。

后来，北魏的皇帝孝文帝将这尊圣像掠走，置于“北台”即首都平城（今山西大同）。北魏分裂后，北齐第五位皇帝齐后主高纬又遣使将其迎入齐都邺城。北周灭齐后五年，隋朝建立，隋文帝在邺城建了大慈寺和大慈寺塔，在寺中东南角还专门辟有一座大殿供奉这尊圣像，称“太子思惟像殿”。

隋炀帝末年，民变四起，盗匪横行。为躲避战乱，四邻八乡的老百姓纷纷跑进了大慈寺筑垒固守。一时间佛门圣地人满为患，污秽不堪。动乱平息后，寺院里一片狼藉，污秽遍地。寺僧在采用焚烧的方法清除垃圾时不慎引发火灾，烧毁了大慈寺，但太子思惟像殿却奇迹般地保留了下来。

从法显回国的412年到隋朝灭亡的618年的200年间，这尊“太子思惟像”历经曲折，几经易手，说明在那个时代朝野上下对这种“半跏趺坐”形式的佛像认可度极高，引来大家的争相膜拜。

你想知道“半跏趺坐”是个什么样子吗？请看左侧边石最顶端有身光与头光的造像：身光与头光在佛教造像中只有佛与菩萨才有资格享有。像的面部虽残，但可看到他的右手上抬，以托面部作思维状，坐姿即为“半跏趺坐”，这就是“太子思惟像”，他就是释迦太子。

（三）太子出家

释迦太子 29 岁那年离家出走。

太子虽然身居宫闱，是王位的法定继承人，过着锦衣玉食的奢华生活，但这种衣食无忧的日子并没有让他开心。他走出宫门，目睹了太多的百姓疾苦，一幅幅人世间生老病死的痛苦画面令他不停地思索人生：人从哪里来？要到哪里去？人到底为什么活着，为什么大部分人活得那么苦、那么累？其实，这是人类的普遍疑问，许多人都在思考，只是不像他那么执着地一直在苦思冥想。

为了摆脱世俗的羁绊，获得身心的解脱，探索宇宙和人生的真谛，寻求摆脱痛苦的答案，在2500年前的一个夜晚，他终于痛下决心，鼓足勇气，离家出走。

这是释迦太子走向成佛之路的第一步，也是神圣的一步。从那一刻起，众生的命运也就改变了。世界上三大宗教之一的佛教呼之欲出。

释迦太子骑马离开迦毗罗卫国之后，走到国境线上的阿奴摩河边，下马，将身上的宝冠华服、珠宝首饰等悉数解下，交给马夫车匿让他连马一起带回。此时，他的坐骑白马犍陟（zhì）突然冲着主人屈膝长跪，呜呜流涕，徘徊不去。这一场景在古印度健陀罗地区佛教造像中多有表现，令人动容。表面上看这是释迦太子在与自己朝夕相处的宝马和马夫告别，其实它隐喻的是太子跟尘世的繁华告别，从此完成了从一位尊贵的释迦王子到苦行僧的艰难转变。

此后他还要经过六年的身心淬砺、不懈苦修，才在 35 岁时于菩提树下悟道成佛，开始他那 45 年风尘仆仆、不停奔波的传法之旅。

这幅催人泪下的场景就展现在你的眼前：呈半跏思惟坐的太子左脚下那匹前蹄俯卧的鞍马，就是白马犍陟。

释迦太子脚下俯伏呜呜、久久不愿主人离去的白马犍陟

（四）弥勒菩萨

右侧边石最上端呈半跏思惟坐的是弥勒菩萨。

为什么在这面雕刻中弥勒菩萨会与释迦太子同框呢？原因有三：

第一，弥勒与释迦曾为“同学”，当年一起在一位名叫“弗沙”的大师座下修行，弥勒修行的历史比释迦还要早。[①]

第二，他俩都曾在兜率天宫中精进修行，释迦发愿要度化受苦受难的众生，因此他在纷扰混沌的五浊恶世中下

①参见马明博：《世界因你而欢喜》，三联书店 2015 年版，第 64 页。

生成佛。而弥勒发愿要等到世界大同、众生福德具足时才成佛。正是由于他们愿力的不同，才决定了弥勒要比释迦晚九劫下世，因此称他为“未来佛”，也就是说他目前仍住在兜率天宫中，还不能称他为佛，只是一位菩萨。①

第三，将来他降临人间的方式与释迦一样，也要乘六牙白象进入母腹投胎转世为人，然后再一步步经历和释迦一样的心路历程才能成佛。②

尖顶门楣内那头奔腾向前的六牙白象，既是释迦的化身，又是弥勒的化身。此时，他们都还是菩萨身，都是未来佛。

你可能觉得这位弥勒不像我们已经见惯了的那位大肚能容、笑口常开的“弥勒佛”，是的，我们常见的那位是中国化的弥勒，而真正的弥勒在古印度的雕塑作品中大都是一副风度翩翩的王子打扮：他穿金戴银，珠光宝气，佩戴项圈和璎珞，斜挎金锁，胳膊上还缠着臂钏和腕钏，正所谓“璎珞严身”。

你仔细端详这尊弥勒像：他的脖子上就戴着项圈，与左侧的释迦太子的装束形成鲜明的对照：太子的首饰都交给仆人带走了。

弥勒在古印度确有其人，他与释迦牟尼生活在同一时代。据佛经上说，弥勒出生在古印度波罗奈国（今瓦拉纳西）一位贵族之家，他从小不吃肉，心地仁慈，超乎常人，因此人们称他为“慈氏”。中国的梁武帝是汉传佛教提倡素食的第一人，而弥勒则是世界上最早的素食主义的倡导者与实践者。长大成人后，因仰慕释迦牟尼的学说，他出家为僧，成为佛教僧团的重要成员，与文殊、普贤、观音

①参见马明博：《世界因你而欢喜》，三联书店2015年版，第64页。

②参见樊锦诗主编，王惠民著：《弥勒佛与药师佛》，华东师范大学出版社2016年版，第45~51页。

等菩萨发愿不以个人解脱为目标，而是在自己解脱的同时，帮助他人获得解脱。

呈“半跏思惟坐”的弥勒菩萨。（请注意他颈上佩带着项圈，左手托着佛钵）

释迦牟尼即将涅槃时，弥勒先于他而入灭。释迦曾为他授记，预言他将上升到兜率天宫，以菩萨的身份为居住在那里的天神继续讲经说法。再过许多、许多年以后，弥勒将从兜率天宫下生到人间，于龙华树下成佛，并分三次说法度化众生。只有到那时，弥勒才真正具有“佛”的名号，将代替释迦牟尼继续完成弘扬佛法、利乐有情的神圣使命。

（五）弥勒信仰的发端与流布

据学者们的研究，弥勒信仰在古印度贵霜王朝时期（公元1世纪前后）兴起，是犍陀罗地区（今巴基斯坦西北部与阿富汗东部之间的印度河及其支流斯瓦特河、喀布尔河流域）

大乘佛教发源地的菩萨信仰和佛教造像的最重要主题。

1980年，在巴基斯坦的斯瓦特地区，也即古印度的“乌苌国”的一处佛塔遗址，出土了乌苌国国王色那瓦尔摩于公元14年留下的犍陀罗语金卷，里面就提到了“弥勒”。

在公元2世纪贵霜帝国迦腻色伽王统治时期发行的金币上，就铸有弥勒的头像。金币上用希腊文写就“弥勒佛”，这彰显出弥勒信仰已获得国家的认可，还反映出当时的人们已承认了他的地位：现在他虽是一位菩萨，将来必定会成为佛来统领释迦牟尼所开创的事业。他的形象有资格能被铸造在钱币上，这说明至少在公元2世纪，弥勒信仰已经取得了广泛的认同和王权的支持，弥勒作为未来佛的观念已经深入人心。

弥勒信仰在佛教传入中国之初就随之而来。中国的弥勒信仰盛行于魏晋南北朝时期。据统计，北魏在龙门石窟共造像206尊，其中释迦牟尼佛像43尊，弥勒像35尊，观音像19尊，阿弥陀佛像10尊。从以上统计数字不难看出当年弥勒信仰的风靡。

在中国大地上，古代遗留下来的大佛，几乎都是弥勒的造像，如四川乐山大佛、敦煌莫高窟南北大佛、北京雍和宫白檀木大佛、辽宁千山大佛，以及大足石刻、云冈石窟、龙门石窟内亦有众多的弥勒造像。特别值得一提的是，2001年被炸毁的两尊阿富汗巴米扬大佛也是弥勒造像，当年去印度取经的法显和玄奘都曾瞻仰过他们。

（六）弥勒净土的殊胜美好

弥勒所在的兜率天宫是完美、富庶、圆满之地的象征，是一个理想的天堂乐园。身临其境，可以尽情地享受到各种意想不到的欢喜与快乐。

最上方展现的是兜率天宫的殊胜美景

按照传统的佛教观点，大部分人都要经过漫长的修行过程，才有可能跳出轮回。而弥勒净土的信仰者认为，借助弥勒菩萨的本愿力，信仰者往生到弥勒净土，可以在兜率天宫中直接在弥勒身边学习佛法，这样就不用再承受转生的痛苦。等到未来弥勒菩萨成佛时，还可以随弥勒下生人间，共赴龙华三会，同享太平盛世。这就使得兜率天宫成为佛弟子们心目中梦寐以求的圣地。

星云大师曾说：“发愿到兜率内院去比较容易，因为弥勒净土有五大方便：一是不需要断烦恼，二是不一定要出家，三是没有要求‘一心不乱’，四是兜率内院距离我们生活的世界最近，五是可望可及。只要发愿去，必定能成功。”

门洞最上方表现的就是兜率天宫内天庭的一瞥：正中雕刻的舞伎左手侧摆、双腿交叉，跳着欢快的胡旋舞，一看就是活脱脱一副盛唐的范儿。在他的左右两侧各有一只人面鸟身的“妙音鸟”，也叫“迦陵频伽”，她俩一个敲着小鼓，一个弹着琵琶。最左侧的乐伎吹着笛子，表现出兜率天上“诸天乐伎不鼓自鸣”“诸女自然，执众乐器，竞起歌舞”的弥勒净土的殊胜美景。

“迦陵频伽”是佛国世界中一种能够发出和谐高雅美妙之音、又善舞蹈、若人若仙的神鸟，形体类似仙鹤。据佛经记载，此鸟本出雪山，在壳中即能发出声音，其音和雅，听者无厌。其形象为人头鸟身，头戴菩萨宝冠，双翅双爪，鸟尾，翅膀常呈张开的状态。传说当年佛陀在祇园精舍修

弹琵琶的迦陵频伽

敲小鼓的迦陵频伽和吹笛子的乐伎

行时，迦陵鸟围绕其身，且歌且舞。妙音菩萨模拟其声，奏“迦陵频曲”，阿难传之，称为“林邑八乐”之一。在佛传雕刻和壁画中，只有在表现佛国净土时才出现迦陵频伽的身影，用它的声音来比喻佛陀说法的美妙和动听，渲染出佛国天界的欢乐和神奇。

（七）弥勒信仰的崇拜者

历史上许多高僧大德崇奉弥勒的一个重要原因，就是因为他不仅是一位救世主，同时还是一位“决疑者”，也就是说他能为广大僧众解疑答惑，指点迷津。

佛教传入中国后，随之引进的佛经卷帙浩繁，数量极其庞大。仅就排印最紧凑、只收入了汉译佛经和汉文著述

的《大正藏》，就有《辞海》那么大、那么厚的部头上百卷。面对这汗牛充栋般的著述，一个人穷其一生都未必能读通读懂。弄不明白的问题去问谁呢？问老师。老师也不会呢？只有问弥勒。佛陀早已离开了我们，但弥勒还在兜率天中等待下凡，他是释迦牟尼钦定的接班人，他还是一位佛教理论家和作家，具有大家公认的权威性和话语权，所以人们在研究佛教义理方面每当遇到疑惑时自然而然就会想到他。

在中国历史上有史可寻的最早的弥勒崇拜者，首推东晋的道安法师。道安是当时中国佛教界实至名归的领军人物，他在中国佛教史上是堪称完人的一代高僧，比他小 30 岁的另一位佛教界后起之秀鸠摩罗什把他称为“东方圣人”。

道安对佛教在中土的推广与普及作出了许多划时代的贡献：他创立了最初的汉传佛教僧伽制度、讲经制度、共住制度；组建了最早的大规模译场，翻译佛经 14 部、183 卷，百余万言。他倡导的出家人一律以释迦牟尼名字中的“释”作为自己姓氏的主张，为广大僧尼所接受，代代相传，一直沿用至今。

道安之所以崇奉弥勒，除了与当时弥勒信仰风行天下的时代背景有关外，更深层次的一个重要原因是，佛教初来时所译出的各种版本的佛经良莠不齐，晦涩难懂，义理不明，谬误百出。这让道安在研读佛经时感到非常困惑，常常为找不到正确的答案而苦恼不已。这不是他一个人的困惑，也是后来法显、玄奘、义净等人的困惑，这才促使他们日后成就了舍身求法的壮举。对于道安来说，如果将来能够往生弥勒净土，那就有机会当面向弥勒菩萨求教，一生积攒的的困惑都会立马得到冰释，那种身心的愉悦是难以名状的。为此，道安与他的多位弟子在弥勒像前立下誓言，在生命结束时都愿意往生兜率天弥勒净土。前秦皇帝苻坚听说后，还特意派人送来了一尊“结珠弥勒像”，以表达他对道安的仰慕之情。他梦寐以求地想让道安做他的国师，后来终于如愿以偿。

公元 385 年，已被苻坚掳去长安的道安法师在皇家寺院五级寺中已待了五年。这年正月的一天，有一位相貌丑陋的僧人来五级寺投宿。因客房紧张，只好安排他在讲堂暂住一宿。晚上值更的僧人惊奇地发现这位挂单客竟然能够从窗户的缝隙间自由出入，于是赶紧把这件事告诉给师傅。道安闻讯后知道来者不凡，立马前去行礼问安。那位僧人对道安说：“我是特意为你而来。”道安问道：“我来生将去往何处？”那僧人便伸手朝天空的西北角一指，只见那个方位立刻云开雾散，若隐若现地映射出兜率天宫的奇妙胜景。

十几天后，二月初八，道安对弟子们说：我该走了。斋毕后无疾而终，世寿 74 岁。

玄奘也是弥勒的忠实“粉丝”。

玄奘“西天取经”耗时 17 年，行程 5 万多里，经过了 70 多个国家，带回来 657 部经文，又用 19 年的时间译出了其中的 75 部、共计 1335 卷佛经，还写出了蜚声中外的《大唐西域记》，就连今天我们耳熟能详的《心经》，也是出自他手的译作。

在他所取回的这么多“真经”中，他最看重的是《瑜伽师地论》。当初他 28 岁时冒着九死一生的生命危险，义无反顾地赴印度取经，就是为了取这部经。在那烂陀，玄奘在五年的留学生涯中师从戒贤法师，从头到尾学了三遍《瑜伽师地论》，可见这部经在他的心目中占有多么重要的位置。回国后，他在 40 岁左右，用最充沛的精力，耗时 8 年左右，终于将《瑜伽师地论》100 卷完整译出。为此，唐太宗李世民还亲自为该书撰写了前言——《大唐三藏圣教序》，玄奘又请著名书法家褚遂良书写，刻成碑文，镶嵌在西安大雁塔南门西侧的砖龛内，保留至今。

据季羡林先生的关门弟子钱文忠讲，《瑜伽师地论》是一部极其博大精深的佛典，有 100 多万字，它在佛学上的地位是至高无上的，犹如佛学皇冠上的一颗明珠。一个人“穷经皓首”都未必能掌握它的精髓。出国前玄奘就曾听说过有关此书的只言片语，也曾遍访中土的许多高僧大德，聆听他们的教诲开示，但都没有得到满意的答复。尤其是对于《瑜伽师地论》这部经典，很多人甚至连名字都没有听说过。后来恰好在长安玄奘偶遇一位印度高僧，向他讲述了那烂陀寺的无比辉煌和戒贤法师宣讲《瑜伽师地论》的盛况，这才促使他萌生了去印度求法的念头。

《瑜伽师地论》的作者是古印度的佛学家无著菩萨，声称是他上升到兜率天宫亲自聆听了弥勒菩萨的演讲而得到的，因此大家都一致认为弥勒才是该书的实际作者。正因为如此，玄奘才对它情有独钟，在那烂陀花五年的时间学了三遍，又费尽千辛万苦把它从印度搬回中国，然后再煞费苦心地把它译出来，后来又在它的理论基础上创建了

中国佛教八大宗派之一的“唯识宗”，真是业不可谓不精，心不可谓不诚。

如果说，一开始玄奘对弥勒的崇拜还停留在感性认识的阶段，但一路走下去接连发生的许多事情让他确信无疑弥勒的真实存在：起初偷渡国境被困瓜州时，他到一座寺庙中拜弥勒，竟意外地得到了一位胡人向导和一匹“赤瘦老马”，帮他安全偷渡出玉门关；走出国境后，在玉门关与罗布泊之间横亘着八百里的莫贺延碛大沙漠，玄奘在这里不小心失手打翻了水囊，在缺水的困境中他没有后退一步，硬是默念着菩萨的名号，义无反顾地走了五天，在濒临绝望之际，靠着那匹识途的老马找到了水源，最后走出了沙漠；到达中印度顺恒河而下时，他又被一伙强盗掠去献祭。在祭坛上他临危不惧，即将刀俎加身时仍念念不忘弥勒菩萨和《瑜伽师地论》，天地为之动容，歹人深感诧异，当得知他是东土来的高僧后竟转而向他膜拜。这些匪夷所思的传奇经历让玄奘对弥勒更加深信不疑，更加坚定了他把《瑜伽师地论》读懂弄通，传回中土，教化众生的决心与信心。

正是由于他对弥勒情有独钟，在他生前建造的众多佛像中，仅弥勒菩萨像就有1000尊。[①]在潜意识里，玄奘也希望有朝一日能上升到兜率天宫中去，当面聆听弥勒菩萨的谆谆教诲，打开心结，了却自己一生的追求和夙愿。

唐高宗麟德元年（664）二月初五日，65岁的玄奘法师终因一生历经坎坷，积劳成疾，在长安以北120公里开外的玉华寺圆寂。那里曾是唐太宗李世民的离宫，李世民去

①参见卢晓蓉：《未来救赎：弥勒佛》，中州古籍出版社2014年版，第52页。

世后改成了寺院。

入灭前，他深情地对弟子们作最后的诀别：“我在这个世间所要做的事情已经做完了，没必要再待着了。我不是为我个人修福慧，我修的这一切我情愿把它回报给人世间仍然活着的人。我祈愿，我能跟大家一起上生到弥勒菩萨身边，去侍奉弥勒菩萨。我发愿，当弥勒菩萨下生的时候，我愿意跟着他来世广作佛事，去追求无上菩提，追求更高的智慧。”

最后，在生命弥留之际，弟子再次向他确认：师傅您是不是确定要上生到弥勒净土呢？玄奘坚定地说出他留给个这个世界的最后两个字：“得生。”说完便圆寂了。

玄奘倾其后半生的心血，译出了他从印度取回的 657 部佛经中的 75 部，共计 1335 卷，虽然仅占所取经书的 1/10 多一点，但总数已远远超过了鸠摩罗什、真谛、不空诸位大师所译佛经的总和，独占中国四大译经师的鳌头。

历史上除了许多高僧大德崇奉弥勒外，一些著名的文人墨客也是弥勒的粉丝。唐代的大诗人白居易就是这样一位“铁杆粉丝”。白居易一生崇佛，晚年更是笃信弥勒。63 岁时，他在洛阳还举办了一场由 140 位僧俗人等参加的“上升集会”，约好将来大家都要上升到弥勒净土去。为此，白居易还写了一份决心书：“百四十心，合为一诚，百四十口，发同一声；仰慈氏形，称慈氏名，愿我来世，一时上升。”

70 岁时，白居易又请人画了一幅《弥勒上升兜率陀天图》，并作《画弥勒上升帧记》，再次表达了自己发愿往生兜率天的决心：“……稽首发愿：愿来世与一切众生，同弥勒上升，随慈氏下降，生生劫劫，与慈氏俱。永离生死苦，终成无上道。今因老病，重此证明，所以表不忘初心，而必果本愿也。慈氏在上，实闻斯言。”这就是“不忘初心”一语的出处。他还曾作诗道：“海山不是我归处，归即应归兜率天。”由此可见白居易对兜率天是多么地向往，对弥勒菩萨是多么地崇拜。也足可见弥勒信仰在当时是多么盛行！

（八）弥勒信仰的衰落

武则天称帝时代是弥勒信仰发展的顶峰。

为给自己当皇帝寻找合理的政治借口，武则天号称自己是弥勒佛下世，来到人间建立佛国净土，带给子民更加幸福的生活，从而使得自己改朝换代的举动更具合法性，同时也利用当时人们对弥勒的狂热崇拜使自己的所作所为得到大家的认可。

公元695年，武则天自封为“慈氏越古金轮圣神皇帝”，这里的“慈氏”是弥勒的意译，喻指弥勒是一位以慈悲为怀的菩萨，而“弥勒”则是吐火罗语的音译，梵文译作“梅但利耶”。“金轮”则寓意“法轮常转”。武则天用如此繁琐的名号来昭告天下：她就是弥勒佛下凡，来拯救这个世界的。

后来，她的孙子，唐玄宗李隆基登基后，出于对武则天篡夺李氏皇位的清算，颁布了《禁断妖讹等敕》，对弥勒信仰采取了严厉的限制措施，严令民间不得传教。

由于历代许多民间起义都是打着“弥勒下世”的旗号起事的，这就使得弥勒信仰经常被曲解利用，失去了它本来的“上求菩提、下化众生”的初衷，蒙上了一层厚重的“造反有理”的政治色彩，所以自中唐以后受到历朝历代统治者的打压，逐渐失去了它以往风靡朝野的势头，慢慢消失在人们的视野里，取而代之的是如今我们一进佛寺就能看见的那位袒胸露腹、笑口常开的“具有中国特色”的“大肚弥勒佛”，他的这副做派倒真契合了弥勒的本意：慈爱和关怀。

济南千佛山弥勒大佛

这位“大肚弥勒”的真人原型是一位名叫“契此”的和尚，他生活在唐宋之间五代时期的浙江奉化一带，是一位诙谐风趣的邋遢僧人。他经常背着一个大口袋沿街化缘，无论什么东西都装进这只口袋里。他一生行踪不定，行为怪异，就像后来的济公和尚那样疯疯癫癫，落拓不羁。发生在他身上的各种奇闻怪事更是不胜枚举。虽然他平日里不修边幅，举止怪诞，但却言藏机锋，屡显神通。后来人们就把他看作是弥勒菩萨在人间的化身，因为按照佛经的说法弥勒要到五十六亿年之后才能下生人间，人们实在等不到遥远的那一天了，宁可相信这位大肚和尚就是弥勒提前来我们这里“调研”，他的大肚象征着宽大、包容，他的笑口把慈爱洒向人间。乐观、宽容和他那些听似怪诞、细品却包含哲理的“痴人疯语”成为人们认可他就是弥勒的原因之一。

另外，“大肚弥勒”能够堂而皇之地位居寺院中的天王殿，这还要归功于朱元璋。当初，朱元璋借助明教的势力推翻了元朝的统治，建立了明朝。当时的明教是摩尼教、弥勒教与白莲教的混合体，弥勒自然就是教主之一。可朱元璋当上皇帝后，为了防止别人也借弥勒造他的反，就下令禁止弥勒教在民间传播，严禁百姓私自供奉弥勒，敕令将大肚弥勒作为弥勒佛的标准形象，移入寺院内的天王殿统一供养，这才有了今天我们“初入山门，先参弥勒”的习俗。①

（九）衣钵传人

“衣钵传人”是指师徒之间的真传、嫡传。在佛教中，衣就是师傅的袈裟，钵乃师傅生前化缘用的钵碗，这两件日常用品就是徒弟继承祖业的信物和凭证。

佛钵为“比丘六物”之一，即三衣、钵、坐具、漉水囊，其中尤以三衣一钵为出家人最重要的持物。在佛传故事中，

①参见马明博:《世界因你而欢喜》，三联书店，2015 年版，第 16 页。

它的来历带有浓厚的神话色彩。

佛陀在菩提树下悟道后，护法神四大天王奉上他们各自为佛陀准备的钵，它们依次为金钵、银钵、琉璃钵、玛瑙钵和砗磲钵等，佛陀均没有接受。无奈之下天王们只好又送来用青石做成的钵，这次佛陀接受了，但为了不辜负四位天王的一片好心，不厚此薄彼，佛陀运用神通之力，将四个石钵捏合成一体，让它成为佛教的“圣杯”。

佛陀住世时，曾将一件重约 400 公斤、直径 1.75 米的巨型石钵模型赠送给他经常驻足说法的城市吠舍离。后来在公元 2 世纪它被贵霜帝国的君主迦腻色伽抢到了贵霜帝国的都城布路沙不逻（今巴基斯坦白沙瓦），以此来昭告天下他才有资格拥有这件圣物，自然他就是救世护法的转轮王，他的皇权既正统又合法。

公元 402 年，中国西行求法的高僧法显就曾在白沙瓦礼拜过这件佛钵。200 多年后，当玄奘来到此地后，只见到了原先放置佛钵的台座，而佛钵却又被转移到了波斯。

19 世纪这件佛钵被重新发现，20 世纪 80 年代阿富汗总统穆罕默德·纳吉布拉下令将其移至首都喀布尔国家博物馆保存。2014 年，印度政府强烈要求阿富汗归还这件传世之宝，这已成为一桩至今悬而未决的国际公案。

佛钵作为佛教的圣物，吸引着许多统治者争相抢夺它，他们都希望能拥有它，这不仅因为佛钵是佛教的某种象征，而且还有着更为复杂的宗教和政治意涵。

当年法显到印度取经时，在今斯里兰卡曾听一位高僧谈起过这件佛钵。这位高僧说：佛钵最初在吠舍离，后来

到了犍陀罗的弗楼沙（今白沙瓦附近），之后继续在佛土流传，首先到西月支，然后到于阗（新疆和田），再到屈茨国（龟兹，新疆库车），然后传入中国，从中国再传回斯里兰卡，从斯里兰卡回到中印度，从那里升上兜率天。弥勒菩萨见到佛钵后感慨地说：释迦佛的钵到了！于是就与诸天神一起供养七天，七天后，佛钵又降回到大地，龙王将钵收藏到龙宫，等弥勒成道后，四天王像当初他们敬奉佛陀那样，再把佛钵献给弥勒。

由此可见，佛钵的传说很早就在印度一带流传，并且和弥勒信仰密切相关。那位给法显讲法的高僧还指出：当佛钵在世间消失的时候，正法也在人世间不复存在了。因此，佛钵是佛教信仰非常独特的符号和象征，本质上它形同那些存世的宝贵舍利，是释迦牟尼留给他的继任者遗产的一部分，就像他交给迦叶保存在鸡足山的袈裟一样，当弥勒成为新的佛之后，这些遗产都要交到弥勒的手中。不难看出，佛钵的流布被赋予了浓厚的宗教和政治色彩：佛钵所到之处，自然就成为佛教的中心和权力的中心。

你想亲眼见识一下这件佛钵吗？门洞右上方弥勒菩萨左手托举的那件佛钵，就是释迦牟尼托付给他的珍贵宗教传法信物的象征。佛钵中那袅袅上升的氤氲，隐喻着他要上升到兜率天宫中继续修行，等待 56 亿年后他下生人间的那一天——到那时他会以与释迦牟尼同样的方式，即化象入胎来投生人间，也会走与佛陀同样的心路历程来完成成长、出家、悟道，最后成佛，成为名副其实的“弥勒佛”。

三、北壁故事：维摩说法

（一）《维摩诘经》与吠舍离

北壁尖拱门楣内刻画三身菩萨，体态优美，飘带飞扬。右侧一身双手捧钵，仿佛从遥远的天际翩然而至；中间一身裙裾抖落，止步大地，双手倒扣饭钵，将钵中的美食倒出；左侧一身屈身跪俯，双手向前伸出，飘带当风，展现腾空跃起的矫健身姿。

这就像现代影视作品中的慢镜头一样，将这位来自遥远国度的菩萨飞临我们娑婆世界，吉祥献瑞然后飞走的过程，活灵活现地展现在我们面前。

“请饭香土”

这则佛经中的故事就叫作“请饭香土”，记载在《维摩诘经》中，造像中菩萨从佛钵中倒出的是香喷喷的白米饭。

《维摩诘经》是一部来自印度的大乘佛经，自东汉传入中国后，400年间曾由不同时期的七位作者七次译出，其重要性不言而喻。

首译者是东汉的严浮调，今江苏盱眙人，他是有历史记载的最早的皈依佛门的汉人，曾拜佛经汉译的鼻祖安世高为师，后与同样来自安息（今伊朗）的安玄合作译经，首创了由外国人口述、汉人执笔的新的译经方法，因而迅速提高了译经的速度和质量，为佛经汉译打开了新的局面，这种方法一直被后世所沿用。

在这七个译本中，就翻译之缜密、精确而言，当推唐玄奘；就文笔之顺畅，流传之广泛而言，则要数十六国时期后秦鸠摩罗什的译本最受读者欢迎。我们现在所见到的《维摩诘经》，大都是鸠摩罗什的译本。

近代以来，佛学家们陆续发现了许多重要佛经的梵文原典，这就给对照汉译本查异补缺提供了极大的便利，但是《维摩诘经》的梵文原典却一直没有找到。正当大家普遍认为它已失传时，它却于1999年突然显身问世。这年夏天，日本大正大学综合研究所的学者在考察西藏布达拉宫收藏的梵文佛经抄本时，在一包标为《智光明庄严经》的梵文抄本中意外地发现其中还包裹着《维摩诘经》的梵文抄本，他们大喜过望，对外秘而不宣，直到2004年才将梵汉对照的《维摩诘经》公之于世。研究表明，如今存世的汉译本与原典内容基本一致，历史上诸位译经家出色的翻译水平从而也得到了充分的肯定。①

维摩诘是《维摩诘经》中的主人公。他是与释迦牟尼

①参见黄宝生译注：《梵汉对勘维摩诘所说经》，中国社会科学出版社2011年版，“导言”第3页。

同时代的一位在家居士，居住在中印度恒河之滨的吠舍离城。

吠舍离遗址位于印度比哈尔邦首府巴特纳以北约 10 公里处的巴萨尔村附近。从巴特纳出发，向北跨越六公里长的圣雄甘地大桥，不远处就是巴萨尔村，村子附近就是吠舍离。当年这里曾是离车人的邦国，国王叫“吠舍拉”，故城市即以此而得名。

释迦牟尼当年悟道后先是在王舍城一带传道，后来常住舍卫城，而吠舍离就位于这一南一北两座城市之间，是佛陀南来北往的必经之地。无论是在过去还是现在，这里都是恒河之滨的丰腴之地，土地肥沃，物产丰富。这里有种植芒果的传统，芒果在梵语中称为“庵摩罗果”，每到收获的季节，成片的果树林一望无际，香飘四方。

佛陀悟道后五年，受邀再次来到了吠舍离，此时的吠舍离遭受了瘟疫的袭击，造成百姓大量死亡。当地的各路高手施展了浑身解数都无济于事，眼看就要发展成为灭顶之灾。情急之下有人提议佛陀素有神通，何不请他来帮助驱邪攘灾。离车人只好抱着有病乱投医的心态去王舍城迎请佛陀出山。

佛陀答应了离车人的请求，迅速赶往吠舍离。入城之前，他首先对诸恶鬼做了施舍，令他们皆得温饱，并晓之以佛法的威力。入城后，佛陀发动广大民众积极开展清洁卫生善举，完善各项防疫措施，使城中的疫疠之气迅速得到了遏制，避免了疫情的进一步扩散蔓延，因此获得了离车人由衷的爱戴和敬仰。

其中有一位妓女，因名下拥有大片的芒果林，故被称

为“庵摩罗女”，她被佛陀的庄严和慈悲所吸引，专程拜访了佛陀。佛陀并没有因为她出身卑微而歧视她，而是仔细向她讲解了佛教的义理，她听后当即请求佛陀为她授三皈五戒，并请求佛陀和他的弟子们次日到她的果园中应供。佛陀十分爽快地答应了她的邀请，第二天如约来到了她的果园。庵摩罗女为佛陀和她的僧团精心准备了丰盛的美食，并且在宴会上作出了一项更大的施舍：她把她名下的芒果园捐献给佛陀，让他在此建立精舍以便讲经传道。后来这里建立了高大的重阁讲堂，成为佛陀一生传教的五大精舍之一。也正是在这里，佛陀宣讲了著名的《维摩诘经》。如今吠舍离附近的阿瓦拉村据说就是当年庵摩罗女的芒果园。

吠舍离还有一处精舍也很著名，那就是猕猴池精舍。传说精舍附近的池塘是一群猕猴为佛陀所挖的。当年佛陀在此讲经时，大家都把钵盂放在地上，猴王别的钵都不拿，单单拿走了佛陀的钵。猴王爬上高高的娑罗树，取下满满一钵蜂蜜献给了佛陀。后来当地人在这里为佛陀建立了很大的精舍，称它为“猕猴池精舍”。在佛陀四十五年的传道生涯中，有五处精舍最为著名，它们分别是王舍城的灵鹫山和竹林精舍、舍卫城的给孤独园精舍，另外两处即庵摩罗园和猕猴池精舍，均在吠舍离。

公元前 200 年左右，孔雀王朝的阿育王在印度的许多地方树立起高大的石柱以纪念佛陀的丰功伟绩，其中保存最为完好，也是最典型的就是位于吠舍离的那根石柱。该石柱矗立在猕猴池旁，高 11 米，下面两人都合抱不过来。

柱头上蹲踞着一只威猛的狮子，体型与真狮子大小相仿，两千多年来巍然屹立，一直在守护着这片神圣的土地，阅尽了人世间的沧桑变化，也目睹了佛教在印度的兴衰存亡。

雄狮极目远眺之处，就是北面280公里开外的小镇拘尸那伽，佛陀的涅槃地。

80岁的时候，佛陀在吠舍离度过了一生中最后一个雨季。在行将离开吠舍离时，他回望吠舍离城，颔首而笑。大弟子阿难问佛为何而笑，佛说，这是他最后一次看这座城市了，真有些恋恋不舍。这时，天空中飘落下雨滴，佛说："天上诸神听到我说的话，都难过地哭了起来，这是天泪，不是雨水。"

不难看出，佛陀虽然对他长期居住和传教的吠舍离怀有深厚的感情。但在他预感到自己行将涅槃的时候，叶落归根的念头促使他不顾体弱多病，带着阿难等弟子开始了他生命中最后的跋涉，朝北方喜马拉雅山脚下的家乡——迦毗罗卫走去，最后在离家乡100多公里的边陲小镇，拘尸那伽城外的"娑罗双树"间完成了伟大的涅槃。

当年佛陀在吠舍离传道时，就经常与维摩诘探讨佛教义理，结下了深厚的友谊。他们虽然一位是佛国净土的教主，一位是世俗中的居士，但在上求菩提、下化众生，广辟后学、救拔群氓等方面有着共同的理想和追求。

维摩诘在当地是一位很有社会地位的富商，同时他又是一名造诣极高的居家佛教信徒，也是一位能言善辩、神通广大的白衣居士。他精通佛理，辩才无碍，对大乘佛教理论的纵横捭阖甚至超过一些出家的菩萨。

（二）众菩萨探视

《维摩诘经》讲述维摩诘有一次生病卧床，佛陀派他的弟子们去探望他，但大家都不愿去，因为佛陀的弟子们以前在修行时多少都有受他奚落的经历，加之他伶牙俐齿，口若悬河，所以都很打怵与他打交道。就连被佛陀钦定为接班人的未来佛弥勒，也是畏首畏尾，裹足不前。

最后还是号称“智慧第一”的文殊菩萨接下了这个“烫手的山芋”。文殊在佛教中的地位极高，有“诸佛之母”“诸佛之师”的美誉。他虽然早已成佛，但是又自愿放弃佛的身份，退回到菩萨的果位，“倒驾慈航”，胁侍释迦牟尼完成普度众生的宏伟誓愿。[①]

文殊菩萨带领着众菩萨和佛弟子到维摩诘家登门拜访，借着问询病情的话头，二人你来我往，借题发挥，机锋迭起，精彩纷呈。二人灵活运用诸法性空的般若智慧，深入浅出地阐释了大乘佛教的义理，告诉大家脚下的土地就是佛土，佛法不离世间众生，如来种姓不离尘世烦恼，世间和出世间不二（并没有什么两样），有为和无为不二，生死和涅槃不二。特别强调了自心清净则佛土清净，弘扬佛法必须奉行“六波罗蜜”，运用“方便善巧”来教化众生，令众生获得清净心，这样才能造就清净佛土。

在场的所有来宾听了他们二人妙趣横生的对话，无不感到耳目一新，受益匪浅。在滔滔不绝的演讲过程中，维摩诘为了活跃气氛，也为了显摆自己的能耐，三番五次施展神通变化，令众人大开眼界。

①参见林欣浩：《佛祖都说了些什么》，长江出版社2018年版，第343页。

先是佛弟子舍利弗见维摩诘的居室内除了一张床外别无所有，心想我们这么多人受佛陀的派遣登门拜访，总不能让大家都站着吧。舍利弗刚一动这个念头，维摩诘就知道了。他讥讽道：“你是为了聆听佛法而来，还是为了座位而来？”舍利弗赶紧辩解道：“我是为了听您与文殊菩萨讲法论道而来，站一会儿无妨。”维摩诘说：“这就对了，为了求法，舍得性命都在所不惜，遑论一个座位呢！”说归说，维摩诘也觉得让这一屋子的人都站着也不是一回事儿，就借机问文殊：“您见多识广，请问何方佛土的狮子座最有名呢？”文殊答道：“遥远的地方有一位佛叫须弥灯王，他那处净土的宝座最著名。”“那好，你们等着！”维摩诘立即显露神通，须臾之间就让须弥灯王把许多宝座送了过来，顿时满屋子里的人立马都有了座位。这就是“借座灯王”的故事。

快到中午了，舍利弗又寻思：到了吃饭的点了，这么多人如何就餐呢？维摩诘再次洞察到了他的心思，揶揄道：“你们的老师平时不都是以四圣谛、八正道来教育你们吗？你们无论何时何地都应努力恪守，持戒精严，怎么能在听闻佛法时脑子开小差，老惦记着吃饭的事情呢？”

僧人讲究“过午不食”，过了饭点让大家都饿着肚子也不妥，维摩诘说：“好吧，我让你们品尝一下你们从未吃过的美食！”说罢，他就派一位化身菩萨前往香积佛的国土去取美食，不大一会儿工夫就取回一钵香喷喷的米饭，那香味儿大家以前闻所未闻，弥散到整座吠舍离城，传遍了三千大千世界。维摩诘请大家用餐，可有人就在心里嘀咕：

这么点儿饭够谁吃的？化身菩萨看出来大家的心思，劝慰大家说：“请各位尽情享用，绝对不会让大家饿着！”结果怎么样？大家都吃饱了，饭还略有盈余。这就是“请饭香土”的故事，这面浮雕的门楣内刻画的就是化身菩萨从香积国取回饭来的场景。

香积佛的净土世界，所有亭台楼阁、花园路径都是用香料制成的，那里的香味沁人肺腑，熏染十方无量世界。佛教认为，“香”比喻具足“戒、定、慧”的人自然远离污秽，散发出佛性本有的芬芳；“积”指的是积累了无量的功德。直到现在，佛寺里的厨房叫作“香积厨”；寺院里的斋饭叫作“香积饭”。古都西安的南郊还有一座“香积寺”，寺内供奉着净土宗善导大师的灵骨塔，已有1300多年的历史。

《维摩诘经》还讲述了其他一些有趣的故事，如天女散花、手接大千、维摩丈室等等，都引人入胜，脍炙人口。透过这些既诙谐风趣又寓教于乐的说教，一个活灵活现的老顽童的形象浮现在人们的眼前，就像李白《僧伽歌》中描绘的那样：“意清净，貌棱棱。”成为佛教艺术中人们喜闻乐见、历久不衰的居士人物题材，至今仍具有鲜活的生命力，是世人在纷繁的红尘中居家修行的楷模。尤其在魏晋南北朝时期，中原的士大夫们崇尚清谈，于是这位富有辩才、潇洒豪放的白衣居士就成了时人竞相效仿的榜样。

东晋兴宁二年（364），高僧慧力在建康创建了瓦官寺。为募集善款，寺僧请朝野各界随喜布施，但士大夫们认捐都没有超过十万的，只有大画家顾恺之认捐一百万，并当

场签字画押，以示诚信。许多人都认为他这是在打诳语，等着看他的笑话。寺院建成后，僧人请他兑现，他告诉僧人说：请在寺里为我准备好一面白墙，我为你们作一幅画。说完他就住进寺里，闭门谢客，花了三个月的时间，在那面墙上画了一幅巨型的维摩诘像。点睛之日，他对僧人们说：第一天进寺观赏的人要责成他们布施十万，第二天五万，第三天随意。结果头一天一开门，人们争先恐后地涌进寺里，不一会儿就募集到了一百万钱。后来，诗圣杜甫在游建康时曾观赏过这幅画，并作诗赞叹道：“看画曾饥渴，追踪恨渺茫。虎头金粟影，神妙独难忘。”诗中的“虎头”是顾恺之的小名，而“金粟”则指维摩诘，因为佛经上说维摩诘其实是阿閦佛治下的妙喜国的菩萨，名“金粟如来”，为了化度众生，他以方便力来到释迦牟尼治理的娑婆世界，化身为吠舍离城中的长者，借生病众人来家探望之机来宣讲大乘佛教的哲理。

鲁迅先生曾在《淮风月谈·吃教》一文中说过，南北朝时期士大夫们都有三种“小玩意儿”，其中之一就是《维摩诘经》，另外两件是《论语》和《老子》，这是那个时代的文人雅士清谈时作为谈资的必不可少的法宝。

到了唐代，这位“辩才无碍、善于智度、游戏神通”的洒脱人物仍然深受朝野僧俗的喜爱。那位“明月松间照，清泉石上流”的作者、大诗人王维更是维摩诘的“铁杆粉丝”，他甚至把自己的名字都改称“字摩诘，号摩诘居士”。在梵语中，“维”表示“没有”，“摩”意为“污垢”，合在一起即为“无垢”，也即“净”的意思；而“诘”意为“匀称”，故维摩诘这个名字的意思就是干净而匀称。后来玄奘太拘泥于梵语的原意，改译为“无垢称”，但显得太拗口，不为世人所接受，所以大家仍约定成俗，沿用他的音译“维摩诘”直至今天。

王维把自己的名字改为“王摩诘”，虽然表达了他对那位“羽扇纶巾、满腹经纶”的白衣居士的无比景仰和崇拜，但由于他不懂梵文，反而弄巧成拙，他叫王维，那就变成了“王没有”，字摩诘就变成了“很匀称的脏”，这一改反而把自个儿名字的真实含义给弄拧了。①假如那时玄奘法师还活着（王维出生时玄奘已去世 37 年），常在宫内行走的法师肯定会纠正这位“右丞相”的错误的。

在龙虎塔北面的这铺雕塑中，门楣左上角的人物就是维摩诘：他坐在方形的座位上，右手执麈尾，右脚盘在台座上呈“游戏坐”，左手抚膝，一副无拘无束、潇洒自如的样子。这种“游戏坐”在古印度多用来表现佛陀之外的诸神、龙王及圣人，它与西面的释迦太子和弥勒菩萨的“半跏思惟坐”不但在形式上有所区别，其象征意义也有很大不同：前者隐喻着“游戏人生”，而后者强调的是“思考人生”。

维摩诘手中所执“麈尾”，在两晋南北朝时期是喜好清谈的名士手中必不可少的雅器，也是僧人讲经布道时不可或缺的法器。

麈尾的形状为上圆下方，类似于古代的羽毛扇。扇面多用麋鹿的尾毛及飞禽的羽毛等轻质纤维材料制成，扇柄由竹木镶嵌犀角、玳瑁等作为装饰，或直接以白玉做柄。

“麈”是麋鹿中的领头大鹿，它作为群鹿的首领，每

①参见钱文忠：《玄奘西游记》，上海书店出版社 2017 年版，第 239 页。

逢鹿群迁徙时都以它的尾巴的指向作为前进的方向，故麈尾就被赋予了发号施令、指点江山的意蕴，逐渐演变成清谈雅士“谈玄”时的道具和高僧大德的随身法器，多出现在诘难往返的论辩场合，双方激辩时相互挥动手中的麈尾，使其成为演讲时助兴的“手伴”。在这幅雕刻中麈尾的模样已看不太清，但敦煌莫高窟 103 窟内的唐代彩绘维摩诘像则非常清楚地表现出麈尾的形状，同时你也可以一睹维摩诘的“真容”：褒衣博带，凭几而坐，手执麈尾，神清气爽，活脱脱一副古代文人士大夫的真实写照。

“呈游戏坐”的维摩诘，他右手执麈尾

敦煌莫高窟第 103 窟维摩诘像，同样也是以右手执麈尾

坐在门楣右上方的是文殊菩萨。他双手合十，面朝维摩诘，结跏趺坐在一圆形台座上，一副虚心请教的谦恭神态。与主人相比，文殊的台座装饰豪华，圆形台座下层还缀有连珠纹，这就是故事一开头维摩诘向须弥灯王借来的宝座。当时宝座到来后，维摩诘首先请文殊菩萨就座，然后招呼其他客人都坐下。由于宝座十分高大，舍利弗却怎么也坐

不上去。维摩诘揶揄他说：你还没有拜拜须弥灯王呢！舍利弗于是赶紧礼拜，一转身马上就能升上宝座去了。

合掌的文殊菩萨

（三）舍利弗的故事

舍利弗早先信奉“外道”之一的婆罗门教，他的父亲就是婆罗门教中负有盛名的论师。皈依佛门后，舍利弗又经常执著于小乘教义，所以在这次拜访中他作为一名“当机众”，也就是绝顶聪明、一点拨就明白，老师动不动就好拿他说事的人，屡遭维摩诘的讽刺挖苦，其实维摩诘是借敲打舍利弗的机会把大乘佛教的义理再阐释一遍，让大家进一步明白什么是般若性空，何谓不二法门，如何普度众生、求得善果。

舍利弗又名“舍利子”，即《心经》中观自在菩萨对其讲经的那位佛弟子，因为他的母亲叫舍利，故人们称他为“舍利的儿子”——舍利子。在佛陀的十大弟子中，他以“智慧第一”著称。他从小就表现出超常的智慧，8 岁就能通解看过的所有书籍。根据他的故事编排的剧目早就在印度一带流行，4 世纪法显去印度取经时就曾在中印度的马图拉瞻仰过舍利弗塔并观赏了有关舍利弗的剧目。20 世纪初，我国新疆出土了三部梵文佛教戏剧剧本，其中之一就是《舍利弗》，作者就是公元 1 世纪舍卫城著名的马鸣菩萨。

舍利弗不仅精通教理，同时他还是一位出色的建筑师，佛陀曾派他专程前往舍卫城监理祇园精舍的修建工程。在那里，他与外道劳度叉还上演了一场惊心动魄的斗法大战。

舍卫城的外道听说给孤独长者和祇陀太子要联手为佛陀打造一座精舍，大为不满，纷纷向国王告御状，要求阻止佛陀僧团的到来。国王为了不得罪双方，下令双方比试一下，谁赢算谁的。外道派出了神通广大的劳度叉，佛陀派出了舍利弗。劳度叉先变成一棵大树，舍利弗化作旋风将大树连根拔起；劳度叉又变成一个水池，舍利弗变成六牙白象将池水一气吸干；劳度叉变成七宝大山，舍利弗变作金刚力士，用金刚杵把山击得粉碎。劳度叉又变成十首恶龙，舍利弗变成金翅鸟将十首龙撕碎吃掉；劳度叉变成大肥牛，舍利弗变成雄狮咬住了牛的脖儿梗；劳度叉最后变成夜叉厉鬼，嘴里喷着火朝舍利弗扑过去，舍利弗瞬间变成毗沙门天王，夜叉一见大为惊骇，转身就走，却被周围的大火围住，只有舍利弗所在的地方无火，劳度叉只好拜倒在舍利弗的脚下，认怂服输。舍利弗六战六胜，外道落荒而逃。国王宣布：舍利弗获得全胜，舍卫城向佛陀及他的僧团敞开大门，欢迎他们在此常驻久留，传法论道！从此，舍卫城就成了除王舍城和吠舍离外佛陀常住的城市之一。

龙虎塔北壁全景

由于这一面雕刻朝向北方，而山谷的北面群山环峙，冬季受凌冽的下沉风的侵蚀，许多画面都已漫漶不清。尤其是最上方的雕刻，许多人物和动物都难以辨认。有专家认为，这其实就是舍利弗大战劳度叉的部分场景[①]：左上角有流动的大水和一头背驮宝座的大象，水中有若干人物，右上角也有一头背驮宝座的大象和许多人物，表现的是舍利弗化为大象吸干水池；画面正中是一只猛兽怒目圆睁，正在恶狠狠地吞食一团交缠的恶龙。在降魔故事中，有两个场景凸显吞食的情节：其一是舍利弗变成狮子吞食劳度叉变的大牛，其二是舍利弗变成金翅鸟吞食劳度叉变化的

①参见汪悦进：《魂系他方——龙虎塔浮雕变相刍议》，郑岩、刘善沂：《山东佛教史迹——神通寺、龙虎塔与小龙虎塔》，法鼓山文教基金会—法鼓文化2007年版，第189页。

十首恶龙。不过仁者见仁，智者见智，还有作者认为这表现的是维摩诘“手接大千”的画面。所谓“手接大千”，就是维摩诘运用神力，以其右手“断取妙喜世界”，把阿閦佛及其菩萨、弟子，乃至日月山河、城邑聚落等，都接到了他与文殊菩萨辩论的现场，让在场的各位都看到了妙喜世界的殊胜与美好。[①]

您看着像什么？您可以充分发挥您的想象力，仔细揣摩它的意象，破解1000多年前先人留给我们的谜题。

四、南壁故事：阿弥陀佛

在龙虎塔南壁的尖拱门楣内，布满繁复蔓卷的花叶。花丛中有三位天真可爱的赤身童子嬉戏其间。中间一位位

阿弥陀佛的净土世界

于尖拱正下方，十分顽皮地倒立在莲花中央；另外两位分别位于门楣两角，立于盛开的莲花之中。这幅充满无限童

①参见刘慧：《泰山佛教史》，山东人民出版社2018年版，第303页。

趣的优美画面，展现给世人的是“莲花化生”的奇妙净土意境。

据佛经所说，世间的生命有四种诞生方式，分别是胎生、卵生、湿生和化生。所谓“化生”，是指无所依托，借业力而转生。而佛教中的化生，就是指生命从莲花中所生。

在什么地方的莲花中才能出现生命“化生”的奇迹呢？这只有可能在纯洁无暇的净土世界里才能实现。佛教中的“净土”有许多处，诸如“弥勒净土”“弥陀净土”“阿閦佛净土”“药师佛净土”等等，每处净土都由一位佛来管理，所以“净土”又称“佛国”。

所有净土的共同特征就是人们心目中的“天堂”：没有水火、刀兵、饥馑等天灾人祸；到处青山绿水，草木扶疏；莺歌燕舞，鸟语花香；珠宝遍地，金碧辉煌。那里的人们丰衣足食，长生久视。

升入净土的条件是：首先你必须坚信这方净土的存在，对它充满无比的向往，为实现理想而不懈修行。当你的业力达到升入净土的标准后，净土的大门就会自动向你敞开，往生净土后，你就会享有无限的幸福和快乐，具有日后成为菩萨或佛的可能。

在所有的净土中，有一处净土对人们最具吸引力：平时你只需要时常念诵这方净土主佛的名号，危难时他就会助你逢凶化吉，往生时他就会来到你的面前，用他的本愿力把你直接接引到他的佛国，你的生命就会在金沙铺地的“七宝池”“八功德水”中重新育化，最终从莲花中化生出世。这片净土就是人们津津乐道的“西方极乐世界”，它的教主就是“阿弥陀佛”，他的佛国就称为“弥陀净土”。

（一）阿弥陀佛

在中国寺院的大雄宝殿中，阿弥陀佛常位于释迦牟尼佛的右侧，与左侧的药师佛并称“三尊”。而在“西方极乐世界”里，阿弥陀佛是主佛，他的右胁侍是大势至菩萨，左胁侍是观世音菩萨，合称“西方三圣”。尖拱门楣正上方衬有双重头光与身光的即为“西方三圣”：中间结跏趺坐者为阿弥陀佛，右侧半跏趺坐的是大势至菩萨，左侧半跏趺坐的是观世音菩萨。呈这种坐姿的观音造像在犍陀罗比较常见[1]，但在中国却很少见到。作为阿弥陀佛的左右二胁侍，观音菩萨以大慈大悲，普度众生；大势至菩萨则以智慧之光，普照一切。大势至菩萨在中国民间的影响不大，与观音菩萨的知名度相比更是相差甚远。但他在日本却非常有名，受到日本信徒的广泛崇拜。

根据佛经的记载，阿弥陀佛在出家之前曾是古印度的一位国王，后来像中国清朝的顺治皇帝那样抛却皇位，皈依佛门，取法名为“法藏”，修行时曾发“二十四愿”（也有三十六愿或四十八愿之说），他的这些愿望亦称“本愿”，其中心思想主要是说如果自己能成佛，一定要建立一个具有“广净明土”的美好世界。在这片乐土中，所有的宫殿楼观、池水花榭都以奇珍异宝、百千妙香装点，风吹宝树，鸟语花香，飞天时不时洒下满天花雨，各种乐器“不鼓自鸣”，“不抚而韵”，五音繁会，梵呗悠扬。尖拱门楣最上方西方三圣两旁的乐伎表现的就是这一场景：三圣右侧相邻的

①参见［日］宫治昭：《涅槃和弥勒的图像学》，李萍、张清涛译，文物出版社2009年版，第225~229页。

乐师正在抚琴，再向右刻一迦陵频伽双手合十，准备引吭高歌；最右端刻一乐伎正在吹笛，动人的仙乐萦绕在这方寸之间。三圣左侧相邻的乐伎双手捧至嘴边，似吹某种埙类乐器，再向左刻一来自雪山、善解人语、双身合体的共命鸟，最左端刻一吹筚篥（类似于竖笛）的乐伎。这支天上人间的管弦乐队正在演奏佛国的天籁之音。

阿弥陀佛承诺：世上所有的人，只要他真心信我，念我的名字，愿意往生到我的净土，我就一定会把他接引到这方极乐世界里来，让他真正体验到从世俗的无明和烦恼升华到智慧和觉悟的超脱之乐。

（二）弥陀信仰的源流

“阿弥陀佛”的“阿弥陀”梵语意为“无量”，由于翻译的不同，后来也被译作“无量寿佛”或“无量光佛”。介绍阿弥陀佛的佛经很早就已传入中国，据统计，有 31 部梵文文献、100 多部汉译佛典涉及阿弥陀佛，其中影响最大的《无量寿经》《阿弥陀经》《观无量寿经》合称“净土三经”，是进阶净土宗的三大宝典。其中《无量寿经》有 12 译 5 存，《阿弥陀经》有 3 译 2 存，《观无量寿经》有 2 译 1 存。尤其是后者，对中国佛教净土宗的产生和发展起到了巨大的推动作用。

虽然弥陀信仰比弥勒信仰的佛典早 100 多年传入中国，但弥陀信仰直至唐代才达到高潮，而此前一直是弥勒信仰独领风骚。这从洛阳龙门石窟造像可见一斑：自北魏至隋朝 100 年间，龙门共造有 50 尊释迦牟尼像，35 尊弥勒像，

而阿弥陀佛像仅有9尊。究其原因，主要是前期缺乏对于净土义理的广泛深入研究，理论基础相对薄弱。另外在推广普及上不像后来那样深入浅出、通俗易懂，让广大僧众看得明白，做起来容易。它之所以后来居上，是与历代高僧大德的身体力行、不懈努力分不开的。他们为了更好地自度度人，不遗余力地创造出许多大家喜闻乐见的修行方法，把深奥的理论通俗化，把遥远的佛国现实化，把繁琐的修行简便化，打开了过去人们望而却步如今却轻松易行的方便之门，使弥陀信仰厚积薄发，蔚然成宗，终于成为中国佛教的主流之一。

一般认为，在中国佛教史上，高僧慧远是弥陀净土信仰的先行者。慧远是东晋人，生活在334~416年间，他是道安的高足，庐山东林寺的掌门人，同时也是净土宗的奠基人。他作为中国阿弥陀佛信仰最早的践行者、组织者，在佛教净土思想的发展史上具有标榜作用。

公元402年，也即东晋安帝元兴七年夏天，慧远与123位僧俗弟子，在庐山东林寺一尊阿弥陀佛像前共同发愿，祈求日后往生阿弥陀佛的西方净土，从此开结社念佛之先河。这标志着中国佛教净土宗的正式成立。后人称这个组织为“莲社”——取弥陀净土莲花化生之意。

慧远的“莲社”当时提倡的是“观想念佛”，即在禅修的基础上观想阿弥陀佛的各种美好形象和功德神威，思念佛的法相庄严、娴静美好，憧憬净土的庄严美妙。只要你持之以恒，精诚所至，就会在禅定中看到佛身的相好和一个可知可感的西方极乐世界。

（三）开山鼻祖昙鸾

慧远示寂后100多年，净土宗又迎来了一代宗师昙鸾（476~554）。

昙鸾，山西雁门人，生处南北朝时代，一生弘经布道，创业垂统，受到南北朝帝王和朝野僧俗的一致崇敬，北魏的皇帝称他为“神鸾”，南朝的梁武帝称他为“肉身菩萨”。

他在年过半百的时候因为研读佛经过于投入，心力交瘁，险些丧命。病愈后他立志要寻求长生不老之术，以求日后能有更健康的体魄、更充沛的精力、更充裕的时间来深入研究佛教义理。但是偌大一个中国，到哪里才能找到长生不老药呢？秦始皇曾经找过，没有找到；汉武帝找过，也没有找到。有病乱投医，无奈之中他忽然想起来一个人，那就是南朝的陶弘景。

陶弘景何许人也？他乃南朝的一位著名的道士，他与梁武帝既是同乡（今江苏丹阳），又情同手足，在梁武帝萧衍起兵推翻南齐政权时出谋划策，功不可没，就连梁朝的国名都是他给起的。萧衍登基后，陶弘景功成身退，隐居于江南茅山（今江苏句容，南京东南60公里），专心修道炼丹。梁武帝曾三番五次请他出山辅佐帝业，均被他婉言谢绝。但二人常年书信不断，萧衍每遇军国大事都要与他商量，所以时人称他为“山中宰相”。陶弘景不仅是一位道家，还儒释道兼通，博学多才。另外，他还是一位著名的中医药学家，对中医药学的研究有很深的造诣，一生著述颇丰，存世的《名医别录》就是他的著作之一。

昙鸾渡江来到梁朝首都建康（今南京），首先拜见了梁武帝，受到梁武帝的热情接待。

梁武帝萧衍是梁朝的开国皇帝，是南朝在位时间最长的皇帝，执政近50年，活到86岁。他当皇帝后励精图治，政治清明，迅速治愈了连年战争带来的创伤，恢复了江南地区的社会安定，出现了晋代以来少有的繁荣景象。他勤于政务，不分春夏秋冬，总是五更起床批奏公文，冬天有时把手都冻裂了也不在乎。他的节俭也是出了名的，多年来只穿普通的衣服，不追求奢华。一床被子盖两年，一顶帽子戴三年。50岁以后每天只吃一顿饭，且大都是蔬菜和豆制品，太忙的时候就只喝点粥来充饥，这在中国历代皇帝当中绝对算得上是十分罕见的。

梁武帝在历史上的出彩主要还是因为他对佛教的痴迷与推崇。在他统治南方中国的近半个世纪内，倾国之力大兴佛教，以至于梁朝的半壁江山内，佛寺达2846座，僧尼有82万余人。唐代的杜牧曾作诗说“南朝四百八十寺”，与以上数字相比实在是望尘莫及。梁武帝与其他帝王信佛仅仅是作为业余爱好或面子工程不一样，他对佛经有深入细致的研究，不但著书立说，著作等身，达上百卷之多，还经常举办各类法会，亲自讲经，听众动辄上千人，蔚为壮观。更有甚者，他还四次舍身同泰寺（今南京鸡鸣寺），当了四次“临时”和尚，最后都被大臣花巨资赎回，过足了“黄袍换却紫袈裟，任它千秋与万代”（顺治语）的出家瘾，这在中国佛教史上是绝无仅有的。他还广开才路，招贤纳

士，积极引进域外的佛教人才，如四大译经师之一的真谛、禅宗初祖菩提达摩等来自印度的高僧，都是梁武帝亲自派人把他们请到首都来的。他对佛教的最大贡献是提倡素食，在中国彻底摒弃了僧人可以吃“三净肉”的习俗。公元518年，梁武帝当着1448名僧人的面，郑重颁布《断酒肉文》，从国家法律的层面敕令僧人禁食酒肉，违者以国法、教法惩处。从此，中国的僧人便以素食作为行持的根本戒律，恪守至今。这不能不说是梁武帝的一大功劳。至于汉化的盂兰盆节、无遮大会、水陆道场等，也都是他留给后世的佛教遗产。后来他被冠以“汉地阿育王”“菩萨皇帝”的称号，的确是实至名归。

昙鸾见梁武帝很富有戏剧性：昙鸾进宫时，梁武帝为他设了一个类似于“八卦阵”似的“千迷道”，想见识一下昙鸾的法力如何。这条迷道对于那些常在宫中行走的人来说还时常会迷路，可昙鸾却从容不迫，轻车熟路般就走了进来。进殿后昙鸾只看到大殿的中央摆着一把高椅，椅子上放着一把拂尘，周围空空荡荡。他就径直走过去，拿起拂尘，一屁股坐上了高椅。这时，梁武帝才从角落里走了出来，正式与昙鸾见面。

二人海阔天空，钩深致远，深入探讨了佛教的义理。在了解了昙鸾的来意后，梁武帝立马把他介绍给了陶弘景。陶弘景久仰昙鸾的大名，毫无保留地向昙鸾传授了延年益寿的秘法，并授予了他《仙经》10卷，以供其日后研读。

528年，昙鸾携经北返。归途中路过早已成为北魏首都的洛阳，在皇家寺院永宁寺偶遇来自北印度的三藏法师菩提流支。昙鸾向他炫耀从陶弘景那儿求得的《仙经》，不无得意地问他：你那儿有胜过此书的大法吗？菩提流支不屑一顾地答道：呸！你这种所谓的长生不老术纵使能延长一点寿命，也脱不了来世在三界中轮回，哪比得上阿弥陀佛净土，可使人永离苦海，获得永生。随手将一本《观无量寿经》赠予昙鸾，叮嘱他说：此大仙方，依之修行，当得解脱生死。昙鸾接过《观无量寿经》，拜读后如醍醐灌顶，茅塞顿开，随之把陶弘景赠予的《仙经》付之一炬，从此义无反顾地走上了弘扬弥陀信仰的阳关大道，为净土宗的开宗立派奔走呼号，殚精竭虑。他创造性地把观想念佛与持名念佛等同起来，开创了后世口称念佛的先河，对整个中国佛教产生了极其深远的影响。如今我们常听到僧人们把“阿弥陀佛”挂在嘴边，这就是由昙鸾极力倡导而普及开来的，故后世尊昙鸾为净土宗的初祖。

当年昙鸾离开江南向梁武帝辞行时，梁武帝郑重地将一件个人私事委托他去完成：北归时替皇帝到已故皇后郗徽的家乡做法、造像，为她祈福。

郗徽是梁武帝的发妻，出身皇族，前朝刘宋皇帝宋文帝是她的外祖父。郗徽自幼聪慧，心气极高，长大后许多王公贵族想与其攀亲都入不了她的法眼，偏偏看中了当时地位不高，却有“神童”之称的萧衍，14 岁时嫁给了他，之后为他生了三个女儿，32 岁时不幸离世，那时萧衍还只是雍州刺史。

502 年，40 岁的萧衍建立了南朝的第三个王朝梁朝，荣登大宝后，他追封郗徽为皇后。为了尊重她，此后萧衍虽纳有嫔妃，但却一直没有再另立皇后。当年郗徽去世后，萧衍悲痛不已，为了超度亡灵，他还特意请了十位高僧集体编纂了《梁皇忏》，以表达他对亡妻的追思之情。

郗徽祖籍高平金乡（今山东金乡），当时在鲜卑人统治下，属于“敌占区”，而昙鸾的身份是北朝人，可以畅行无阻，他就肩负南朝皇帝的重托，专程来到金乡，驻锡于金乡光善寺。他虔诚供养，诵经设斋，礼佛拜忏，追荐亡灵。他请人在一块青石上雕刻出菩萨皇帝梁武帝和皇后郗徽，以及昙鸾本人和他的启蒙老师菩提流支，并在刻石的边缘留下“右相菩萨昙鸾”以作纪念。这块弥足珍贵的造像石如今珍藏在山东金乡博物馆。①

（四）承上启下的道绰

传说上古时代仓颉观鸟迹虫文受到启发，创造了原始的文字，于是上苍为褒奖人类的这一伟大发明而降下谷雨，鬼神因为从此不能再随意摆布人类而非常懊恼地在夜晚哭泣，可见文字的魔力是多么的巨大。

昙鸾大师圆寂后60多年，公元609年，也即隋大业五年，他的一位山西老乡道绰来到今山西交城县石壁山玄中寺，这里是昙鸾晚年修行之处，也是昙鸾创建净土宗开宗立派的祖庭。

48岁的道绰在寺内的一通石碑前驻足观望。碑文记载了昙鸾生逢乱世，应劫而来，为救拔群氓而百忍兴教，为弘扬弥陀净土而孜孜以求的传奇一生。道绰读后深受感动，决定不再四处云游，就在玄中寺住了下来，承袭昙鸾大师

①参见李英渠、刘双保：《金乡历史上的那些事》，山东人民出版社2018年版第323页。

开创的“口称念佛法”，并将之发扬光大。他每日口诵阿弥陀佛上万遍，先后宣讲《观无量寿经》近200场。

为方便计数念佛的次数，道绰首创“麻豆念佛法”，即念一声佛号，数一粒豆。天长日久，僧人们使用的豆子都已盛满了好几大缸。后来他觉得数豆粒不太方便，又发明了以串珠计数来称念佛号，“人各掐珠，口同佛号”，这种串珠被称作“念珠”，一直沿用到今天。

念珠是佛教徒诵念佛号时计数的法器，所用珠子多则1080颗，少则14颗，最常见的为108颗。不同的颗数具有不同的寓意，不同的材质所获功德也不一样。材质好，功德成倍增长。铜与铁材质较差，珍珠百倍，木槵子千倍，莲子万倍，菩提子无数倍。①其实这都是后来的讲究，《金刚经》说：“凡所有相，皆是虚妄，若见诸相非相，即见如来。”这提醒我们，众生修行，无论诵经、念佛、拜佛，都不要“执相”。而佛珠也是作为“相”之一而存在的，所以当我们在佩戴佛珠时，不必特意地计较它的材质，一切随缘而已。当年道绰所做的念珠，是用木槵子穿成的。木槵子亦称无患子，是一种高大的乔木，枝叶似椿树，果实及果皮可做肥皂，果核圆而坚，黑如漆珠，大如弹丸，状如银杏及苦楝。果仁还是一味中药，可以治疗牙疼及口臭。李时珍《本草纲目》记载：“释家取为数珠，故谓之菩提子……山人呼为肥珠子、油珠子，因其实如肥油而子圆如珠也。”

道绰终生践履昙鸾大师的“口称念佛”法门，他对净土宗的最大贡献是，他认为无论是凡夫还是恶人，只要相

①参见白化文:《汉化佛教法器与服饰》,中华书局2015年版,第208页。

信弥陀净土的存在，命终时口诵十声“阿弥陀佛”，都会往生西方极乐世界，这就为无数的修行者开启了进入“天国”的方便之门，极大地满足了世上各色人等脱俗利乐的心愿。

（五）集大成者善导

善导（613~681），俗姓朱，山东临淄人，自幼出家，师从密州（今山东诸城）明胜法师。一次偶入藏经楼，取读《观无量寿经》，深受启发，从此专修净土法门。

他仰慕慧远当年结社念佛之风范，曾亲临庐山扣寻圣迹，后又云游各地，遍访高德，秉受他们懿行的熏陶，广结各方善缘。

唐太宗贞观十五年（641），他听说山西的道绰法师正在大力弘扬净土法门，便走出终南山，步行600多公里，远赴山西石壁山玄中寺拜谒道绰。善导去的时候正值隆冬时节，一路无比的艰辛。善导独自一人在风雪严寒中艰难地跋涉，就在即将到达目的地的时候，他饥寒交迫，疲惫至极，蜷缩在路边的一个深坑里，把树叶盖在身上，以抵御刺骨的寒风。在这种困境里，他仍然凝神静气，一心念佛，不知不觉间好几天就过去了。突然，他听见空中有个声音对他说：快起来，继续往前走呀！他顿时打了个激灵，感觉全身充满了力量，于是跃出土坑，大步向前走去，很快就看到了玄中寺的山门。

风雪夜叩门，80岁的道绰迎来了29岁的善导。

道绰为这位远道而来求法的年轻人的虔诚所打动，言谈之中，他深切感受到了这位后生的悟性与聪慧，毫无保留地向善导传授了净土法门的真谛。善导在法师的谆谆教导之下，充分领悟到了净土真宗的广大庄严，心中块垒顿然冰释。亲炙师傅的法席后，他精进的修持和佛学造诣与日俱增，很快就成为道绰法师门下的出色弟子。

四年后师傅圆寂，善导又回到了长安，开始了长达30年的弘法生涯，成为众人景仰的玄中祖师。善导在长安，将所接受的布施都用来抄写《阿弥陀经》，前后写就10万余卷，写成后就把它赠送给各处的僧人和居士们受持读诵。他还擅长绘画，绘有《净土变相图》300余幅。据说敦煌千佛洞的《观无量寿佛经》曼陀罗图就是善导大师亲手所绘。

正是看中了他在书画方面的艺术天赋，女皇武则天特意请他负责监造洛阳龙门石窟中的卢舍那大佛。今天当我们驻足仰望这尊龙门石窟中最大最美的佛像时，既可以感受到超人间的慈眉善目，又仿佛具有家人般的平和与亲切。不难看出，当年善导是把净土世界法相庄严、娴静美好的意象巧妙地融入这尊大佛的神韵中，使其历经千年仍具有摄人心魄的艺术魅力，始终焕发出慈悲之美和超脱之乐。

善导全面继承了昙鸾、道绰的净土观念，将“口称念佛”法门提升到了极致，尤其是对他的恩师道绰所提倡的“即使凡夫罪人，只要一心向佛，临终时多念几声阿弥陀佛的名号，皆可往生西方极乐世界”的学说进行了更加深入、缜密的论证。过去认为只有圣人才能往生净土，而犯了罪的人不得往生。但善导通过《观无量寿经》推导得出：“善恶凡夫，同沾九品”。也就是说，只要信奉阿弥陀佛，常念阿弥陀佛，在升入弥陀净土的门坎上是不分三六九等的。这就使得净土理论更加通俗易懂，让广大信众的修行实践更加方便易行。

随着进入西方极乐世界的难度逐渐降低，弥陀信仰终于在唐代达到前所未有的鼎盛时期，打破了具有高度文化素养的士大夫阶层与缺乏文化教养的民众之间的界限，出现了“家家观世音，户户阿弥陀”的盛况。白居易在《画西方帧记》一文中曾感慨道：“谛观此娑婆世界，微尘众生，无贤愚，无贵贱，无幼艾，有起心归佛者，举手合掌，必先向西方。有怖厄苦恼者，开口发声，必先念阿弥陀佛。又范金合土，刻石织文，乃至印水聚沙，童子戏者，莫不率以阿弥陀佛为上首，不知其然而然。”说明那时的社会上兴起了用各种方法塑造阿弥陀像的热潮，即不管是铜铸、泥塑、石刻、刺绣、织锦，甚至儿童游戏，都以塑造阿弥陀佛为首选，达到了“不知其然而然”的地步，弥陀信仰的风头远远超过了以往的弥勒信仰，成为中国佛教至今香火不断的盛大法门。

此时再让我们回过头来看看龙门石窟：自公元 640 年至 710 年，也即唐初至武则天统治结束的 70 多年间，阿弥陀佛造像 118 尊，释迦牟尼像 10 尊，弥勒像 12 尊，与唐朝之前的数字形成鲜明的对照。可见世风陡转，弥陀胜出，一句“阿弥陀佛”竟成为中国老百姓常挂在嘴边作为逢凶化吉、遇难呈祥的感叹词。

（六）弥陀信仰胜出的优势

弥陀信仰之所以能够后来居上，历久弥新，究竟有何魅力能让广大的信众对它如此痴迷呢？这其中除了历代高僧锲而不舍地大力弘扬之外，它本身还具有其他法门无法比拟的三大优势[①]：

1. 弥陀净土比弥勒净土修成正果快

弥勒菩萨所居住的兜率天虽然是一方净土，但那儿有内院、外院之分，所居人等成分复杂。上升到兜率天的众生还要在弥勒身边继续学习深造，将来才能随弥勒下生人间，再通过努力修行方能修成正果，这个过程太漫长，手续太复杂。而弥陀净土相对单纯，往生到这方净土的信众已经非常接近菩萨的资质，具备五神通（五种超自然的能力），修行成为菩萨的速度快。

2. 修成的正果不退转

众生随着修行的日益精进所达到的相应觉悟程度即称为“果位”，从低到高，一般是按照比丘、罗汉、菩萨和佛的顺序进阶的。当然，佛教的果位不像学校的学位，它不是考出来的，也不是由谁授予的，而是随着你的佛学水平达到了某个阶段，自然就会获得相应的果位，它只是用来表明修行者在佛学上的造诣，并非是用来划分高低贵贱的等级。

能够修到“菩萨”这个十分接近佛的果位虽然免除了“六道轮回”之苦，但不能保证修得的成果永不失效，假如在身口意“三业”的某一方面做得不好，果位就会后退，也

①参见林欣浩：《佛祖都说了些什么》，长江出版社 2018 年版，第 349~353 页。

就是“降级”。但在弥陀净土则不会发生上述情形，在那里修成的果位永不退转，永远有效。因为阿弥陀佛相信你既然具有这么高的觉悟，肯定会不断完善自我，日臻成熟的。这就成为一个非常吸引人的优势。

3. 往生的难度较低

佛经浩如烟海，戒律繁复森严，普通信众难免望而却步，知难而退。但弥陀信仰只要求大家做到心中想佛，口中念佛，把“阿弥陀佛”时常挂在嘴边即可。就算你平时不信佛，不读佛经，甚至做过坏事，只要临终时有悔过之心，多念几声“阿弥陀佛”也能升入弥陀净土。这就给不同阶层的信众打开了一扇简便易行的修行大门，使佛教中国化、世俗化的转型更加迅速。

弥陀信仰还宣称，你平时修行靠的是自力，属于“难行道”，往往终其一生也难以修成正果。而常念“阿弥陀佛”，往生弥陀净土时佛会亲自来接引你，你就能借助佛的“他力”很容易升入弥陀净土，这种捷径被称作“易行道”，虽然世上道路千万条，谁又会舍近求远、趋难避易呢！正因为具有以上的三大优势，净土宗在中国越来越火，不仅目不识丁的百姓信奉它，其他宗派的僧人也都兼修净土，这就形成了今天中国佛教界禅宗与净土宗双星并曜，“禅净双修”的主流现象。

“C”位是眼下一个时髦的词汇，意为“重要位置”。照理说弥陀净土既然是“西方极乐世界”，就应该让这面造像朝西才对，但当初的建造者却将它放在了南面，其用意非常明显：凸显弥陀净土的位置，让人进入寺院后沿白虎山脚迤逦北行不远，就能看到高大的龙虎塔，而随着脚步越来越近，首先映入人们眼帘的正是南面的弥陀净土雕塑，尤其是门洞右侧执杵的力士和左侧挥拳的力士，袒胸露脐，威武雄壮，给人以强大的视觉冲击力。与其他三面相比，这一面雕刻的人物与动物最多，花样繁复，制作精美，做工最为完好，可谓匠心独运。这从一个侧面反映出那个时代阿弥陀佛信仰不可替代的崇高地位，所以才将其置于龙虎塔最引人注目的这一面。

龙虎塔南壁全景

五、经变画与龙虎塔

净土宗的大师善导曾说过："依经变画"即为"经变"。广义而言，在佛教艺术中，凡带有故事性的图像均可谓之"经

变画”。但就狭义而言，则特指隋唐以来依大乘佛经所绘制的具有故事性，或者义理性的图画及造像。例如，敦煌莫高窟千佛洞里的壁画和雕塑，大部分都属于“经变画”。同样，龙虎塔塔身四周的这些浮雕，也属于“经变”的范畴。

龙虎塔体量虽小，四面石雕每一面尚不足四平方米，但就在这不大的空间里，却雕刻出众多的佛、菩萨、佛弟子、居士、供养人、天王、力士、飞天、乐伎，以及花鸟鱼虫、飞禽走兽，将大千世界融入方寸之间，用凝固的旋律把佛教历史上最重大的历史事件，最为人们所熟知的佛教历史人物，最脍炙人口的佛传故事向我们娓娓道来，把一幅幅美轮美奂、精彩纷呈的佛国净土展现在世人的面前，让看似平淡无奇，但内涵却极其丰富多彩的佛菩萨形象历经千年的风吹雨打，仍焕发出神圣的光芒，具有摄人心魄的艺术魅力。

敦煌研究院前院长樊锦诗说过，经变画实际上是佛教思想传播和普及的重要形式，是各佛教宗派为了彰显各自的佛教理念和教义而采用的一种独特的艺术方法，而佛造像不是无生命的象征物，而是展现了一种更高层次的真实。纵观佛教史，在广大信众中广泛流行的佛、菩萨信仰都是其愿力贴近民众日常需求的。不管在任何社会环境中，普通民众总是期盼有一位贴近自己的更高神灵来眷顾自己，帮助自己消除苦恼，解脱困境。

龙虎塔的始建者们所精选的这几则著名的佛传故事，高度概括了佛陀是如何从王子走向觉悟之路，弥勒净土和弥陀净土的殊胜美好，以及白衣居士维摩诘的风趣幽默，用这些人们耳熟能详的佛传故事来打动人心，启迪灵魂，拉近常人与佛教之间的距离，营造出广大庄严，法音遍布的真如境界，让人们可以从中领略到文字所表达不出来的佛法大意，真正让人感知到佛国世界的无限美好。

六、龙虎塔名称的由来

龙虎塔，顾名思义，塔身上既有龙又有虎。那些令人眼花缭乱的人物可能你认不出来，但那一条条蜿蜒盘旋的龙和一头头怒目圆睁的“虎头”却能一眼就可以看出来。但是早就有人发现，在每一面尖拱门楣的上方或下方所镌刻的张着血盆大口的兽头，猛一看酷似虎头，但如果仔细端详，这些貌似老虎的兽头其实都是狮首。[①]

狮子是兽中之王，佛教中多以狮子来比喻佛陀的无畏与伟大。由于释迦牟尼为人中之雄，犹如狮子为百兽之王，于三界中得无畏自在，所以被称为“人狮子”“释狮子”。佛陀以无畏之声说法，如同狮子的咆哮，法音宏大，遍布世间，故佛陀说法为“狮子吼”，他用狮子吼来击退外道，警醒世人，让信众领会佛法的真谛。佛陀所处之座称为“狮子座”，前面我们所说的维摩诘从须弥灯王那里借来的宝座都是“狮子座”。佛陀登上讲坛宣讲佛法就被称为“升狮子座”。

2200 多年前孔雀王朝的阿育王为了宣示佛法，在印度许多地方树立起高大的石柱以纪念佛陀。这些柱子一般高 10 多米，重 50 吨左右，柱头上大都刻有威猛的狮子，其中最著名的是鹿野苑的石柱，在其柱头上刻有四只背对背蹲踞的雄狮，印度独立后就以它作为国徽的图案。

阿育王时代，佛陀的造像尚未诞生，所以柱头上的狮

①参见马天成:《神通寺研究》，山东大学硕士学位论文，2012 年，第 60 页。

子既是佛陀的代表，同时又是佛法的代表。用狮子来象征佛陀，一方面跟释迦牟尼的出身有关，在印度次大陆，狮子是具有像中国的龙那样的神兽，是王者的代表。而释迦牟尼是王子出身，所以用狮子来代表他十分符合他的家族身份。另一方面，狮子是百兽之王，而佛陀则是佛教的教主，这就使得用狮子来比喻佛陀显得顺理成章。而老虎在佛教中大都以反派形象出现，是被高僧降伏驯化的对象，仅《高僧传》就记载了高僧驯虎的故事十多则。作为六道中畜生道中的一种动物，虎在早期佛经文献中是以邪恶的动物形象出现。这可以从三个方面体现出来：一是佛本生故事中作为摩诃萨埵王子的对立面伤害了王子；二是早期佛教中虎与其他猛兽列在一起，乃是吃人的危险动物；三是佛经中反复提示如果一个人作恶，其恶业将会导致此人来世转生为畜生，包括凶恶的老虎。这就提示我们，在庄严的佛教建筑物上，老虎是不太可能登上“大雅之堂”的，更何况是在佛塔每一面的中心位置呢！

既然塔身遍布龙和狮，那为何被叫作“龙虎塔”呢？其实这只不过是一种讹称，一种不仔细分辨误将狮首认作虎头的错觉，这也与中国历史上老虎常见而狮子罕见有关。在历史文献中，此塔的正式名称叫“朗公塔”，如清代聂剑光所著《泰山道里记》记载：“寺（指神通寺）西北隅地势幽旷，中曰朗公塔，制最古。”日本学者常盘大定 1922 年来此考察时，也曾经说过：“龙虎塔恐怕是从朗公塔演变而来的俗称。”[①]德国汉学家伯施曼 20 世纪初来华考察中国古建筑，他在参观了神通寺以后得出结论，认

①参见［日］常盘大定：《中国佛教史迹》廖伊庄译，中国画报出版社 2017 年版，第 69 页。

灵岩寺千佛殿内的竺僧朗塑像

为神通寺东面的青龙山上原有一座青龙塔，而西面的白虎山上原有一座白虎塔，两塔象一对望柱那样拱卫着神通寺，象征着日月和阴阳。后来两塔废圮，人们便把那两座塔的名字合称“龙虎塔”，用在了寺院中仅存的这座朗公塔上。他还指出：朗公塔要么是朗公的墓塔或舍利塔，要么是一座以朗公命名的纯粹的纪念性建筑。“朗公留给后人众多鲜活的记忆，使得建造这么一座非凡的纪念碑成为可能。”①

现在我们终于知道了，龙虎塔原来叫作朗公塔，是为了纪念一位名叫“朗公”的高僧而建的。那么，朗公何许人也呢？他就是神通寺的开山鼻祖，前面我们提到的道安法师、慧远法师的同门——竺僧朗。

古刹栖柿林，绿阴覆苍瓦。
——【唐】畅当《蒲中道中二首》

①参见［德］恩斯特·伯施曼：《中国宝塔Ⅰ（下）》，张旃哲、李学敏译，赵省伟主编：《西洋镜》第二十一辑，广东人民出版社2021年版，第357页。

第三章 千佛崖

千佛崖位于神通寺龙虎塔西面的白虎山半山腰，是一片可以俯瞰整座寺院、近乎垂直壁立的悬崖峭壁。崖壁上现存初唐时期的大小石窟 100 余个，佛造像 210 余尊，是齐鲁一带唐代摩崖造像中的精品，就保存完好程度而言，在山东省内屈指可数。

自东汉佛教传入中国后，佛教造像艺术亦随之由犍陀罗地区传入中土，它沿丝绸之路迤逦东来，相继在新疆地区与河西走廊次第花开，在敦煌莫高窟结出硕果，在北魏帝国前期的首都平城（今大同）和后期的首都洛阳达到顶峰，给世人留下了闻名天下的云冈石窟和龙门石窟两大瑰宝，成为弥足珍贵的世界文化遗产。

在这席卷中华大地的造像热潮中，齐鲁大地也不甘落后，尤其是济南地区，近傍州治，南依泰山余脉，是一处摩崖造像的好去处。早在北魏年间，人们就在济南城南千佛山南侧的黄石崖开凿了大小石窟 19 个，佛造像 85 尊，开山东地区摩崖龛窟造像之先河。继之有玉函山隋代造像 88 躯、千佛山隋代造像 130 尊、佛慧山开元寺唐代造像 56 尊，还有许多隐于山林、零星散布的小规模龛窟造像更是不可胜数。

处在佛教造像风眼中的神通寺却显得格外平静，僧俗

大众似乎都恪守着开山鼻祖朗公的训诫“慕静山林”，丝毫没有追赶时代潮流的举动。究其缘由，可能与神通寺独特的教规和信奉有关，也可能因为它后来被隋文帝亲赐寺名，成为其母亲的香火院后，笼罩着浓厚的皇家寺院气氛，令僧众心存敬畏，不敢随意造次有关。

李唐代隋之后，江山易主，改换门庭。僧人们首先打破了之前的沉寂，唐初武德二年（619），“桑门沙栋”70岁时在千佛崖南端雕刻了第一尊佛像，终于让神通寺赶上了佛造像的末班车，从此一发而不可收。除了寺内的高僧大德之外，皇家的公主、驸马、皇子以及平民百姓纷至沓来，在这约1200平方米的石壁上刻凿出佛国世界的绚丽画卷。

造像的时间跨度自唐初的武德二年（619），经贞观、显庆、永淳至文明（684）年间，历唐高祖、唐太宗、唐高宗、唐中宗四帝，长达60余年。

下面介绍其中一些比较著名的、标明造像主身份和明确纪年的造像。

一、高僧明德造像

明德是当时神通寺的住持。从神通寺走出去的义净法师在690年所撰写的《南海寄归内法传》一书中曾经提到过他：“及亲教二师，并余住持大德明德禅师等，并可谓善闲律意，妙体经心。”永徽六年（655），义净在神通寺受具足戒时，正值明德禅师任寺内的住持。

明德的造像位于千佛崖的南端，是一龛两佛并坐像。佛像很大，宝相庄严，两佛双手抚膝，结跏趺坐于宝座之上。

高僧明德所造二佛并坐像

右侧坐佛明显呈禅定状。

这种“两佛并坐”的造像组合自北魏至唐代非常流行，仅在云冈石窟中就达380余尊，是当时北方地区很盛行的一种造像模式。

“二佛并坐”之典出自于《法华经》。该经的“见宝塔品”叙述了佛陀与多宝佛二佛并坐为众弟子宣讲《法华经》的场景：当初释迦牟尼正在为弟子们讲解《法华经》时，忽然有一座极其华丽的七宝塔从地下涌出，塔内传出巨大的赞叹声，赞扬释迦牟尼对《法华经》的精辟开示。弟子们都很好奇是谁在塔中发出如此声音。佛陀告诉大家：塔里面住的是多宝佛，他是过去无数世东方世界宝净国的教主。他在行菩萨道时曾经立下宏誓：哪里有人讲《法华经》，我的宝塔就会出现在哪里，并为讲经者喝彩叫好。弟子们听佛陀这么一说，都想一睹多宝佛的真容，于是纷

纷央求佛陀开启宝塔。佛陀打开塔门后，见多宝佛正在塔内的狮子座上入定。多宝佛见到释迦牟尼后非常高兴，情不自禁地说："我就是为了听你说法而来的，快请进来！"他边说边让出半个座位，请释迦牟尼与他一起结跏趺坐，然后将塔升到空中，和大家一起共同聆听释迦牟尼讲述《法华经》。

多宝佛是世上唯一的一尊"塔佛"。塔是埋藏释迦牟尼舍利的圣物，多宝佛化身塔中之佛，自然也就成了释迦牟尼的化身。因为这一缘故，在诸多佛教造像中，多宝佛总是与释迦牟尼佛并列在一起，成双成对地呈现在世人的面前。①

多宝佛是法身佛，表示定学；释迦牟尼佛是报身佛，表示慧学。在二佛组合造像中，两位主佛还是有所区别的：一般位于右侧的是多宝佛，左侧的是释迦佛。释迦说法，多宝静听。二佛同窟并坐，表示法报不二，定慧如一。②在明德禅师所造的这两尊佛像中，右侧呈入定状的即为多宝佛，他坐在金刚宝座上；左侧为释迦牟尼佛，他坐在莲花宝座上，以示二者的区别。

明德禅师造此二佛并坐像是在唐贞观十八年（644），根据其造像记中有"风烛难依"的记述，可推测其时他年事已高，自觉已是"风烛残年"，时日不多，故造此"石像两躯"，以祈求往生时能够升入佛国净土。可令人惊奇的是造此二像后他又活了十三年。他肯定把这一奇迹看作是当年造像的福报，所以在显庆三年（658）又开窟雕凿了另一尊佛像。这一次雕刻的是一尊单佛坐像，位于他此前

①参见张从军：《走近佛陀》，齐鲁书社 2021 年版，第 20 页。

②参见力高才：《魏史评述》，山西人民出版社 2017 年版，第 223 页。

所造二佛并坐像与最南端公主造像之间。令人印象深刻的是在此佛龛的左下方还雕刻有一座方形佛塔，完全模仿四门塔的样子。如前所述，四门塔就是后来泰山僧团的标志，它就像一枚醒目的徽章，镌刻在这方佛光普照的的山崖上，加盖在神通寺住持的大作上，任时光荏苒，永不褪色。

明德所造第二尊佛像（其右侧红色遮檐下即为公主造像）

二、公主造像

公主造像位于千佛崖的最南端，是唐太宗李世民的三女儿南平公主为逝去八年的父皇所造的一尊释迦牟尼佛坐像。佛龛外侧的上方凿有七个圆形卯眼，提示造像之初应有房檐之类的建筑物存在，后人利用原有的两个卯眼，构筑有一土木结构的遮檐，以防雨水的冲刷。

龛门右侧题记记述，这是显庆二年（657），南平长公主为太宗文皇帝敬造像一躯。当时在位的是唐高宗李治，

南平公主是他同父异母的姐姐，按照祖制当朝皇帝的姐姐或妹妹就被称为“长公主”。

南平公主能从长安来神通寺为父皇造像，是缘于她跟随外放任齐州刺史的丈夫刘玄意来到济南的。

公主造像

李世民有 21 个女儿，稍有点名气的是长乐公主、城阳公主、新城公主、高阳公主等。而南平公主的出名是因为她在贞观十一年（637）第一次婚姻下嫁给宰相王珪的小儿子王敬直时所发生的一件趣事，这在几乎所有的唐代史书中都有记载：依照传统礼规，新媳妇进门首先要拜见公婆。但那时的公主们自恃是皇帝的女儿，身份高贵，视公婆也为“臣子”，极不情愿向公婆行礼。可是公公王珪却不依，说道："当今皇上圣明，凡事都遵循礼法，我受公主拜见，并不是为了自己的荣耀，而是为了成就国家的美名啊！"于是老两口便在上席就座，接受南平公主的拜见。李世民听说后大加赞赏。从此以后形成规矩，公主出嫁时都要对公婆行拜见之礼。

王珪是唐初四大名相之一，与房玄龄、魏征、杜如晦齐名。他曾是隋朝的官员，隋末因牵涉到推翻隋炀帝的兵变差一点被杀，遂逃入终南山中隐居。唐代隋后，唐高祖李渊特聘王珪和魏征辅佐太子李建成。李世民杀死李建成抢班夺权后，顺手把他俩也挖了过来，不计前嫌，都聘为宰相。在李世民的朝堂上，王珪和魏征一样，恪尽职守，敢于犯颜直谏，纠正了君王的许多过错。记录唐太宗与大臣们之间谈话录的《贞观政要》一书中，保留了多篇太宗与王珪的对话，可见他是朝廷的一位重要谋臣。另据《资治通鉴》记载，有一次李世民与王珪在宫中闲聊，有一位美人（四品嫔妃）在旁边伺候。李世民对王珪说：这是庐江王李瑗的姬妾，她本来已嫁人，可庐江王看上了她，就把她丈夫杀掉后强娶了她。庐江王李瑗是李世民的堂哥，平时与太子李建成走得很近。玄武门事变后，李瑗企图勾结突厥谋反，被部下所杀，家眷沦为官婢，没入掖廷。王珪听后故作不解地问：李瑗杀夫夺妻，做得对还是不对？李世民说：杀人夺妻是重罪，你怎么明知故问呢？王珪这才切入正题说：既然李瑗做得不对，那您把这位美人留在身边又与李瑗的做法有何区别呢？经王珪这一提醒，李世民也意识到自己做得确实不妥，毕竟她过去曾是自己的堂嫂啊！于是传令立刻放美人出宫，让她回到父母的身边。这就是“王珪谏美人”的故事。

贞观十三年（639），王珪病重，李世民特意让南平公主代他前去探望，同时命户部尚书亲自为他调配药剂和饮食。王珪病逝后，太宗素服举哀，并让嫡皇次子李泰率百官为其送葬。

王珪死后四年，王家的家运陡转直下。贞观十七年（643），南平公主的大哥、太子李承乾迫不及待地要上位，涉嫌谋反被废。南平公主的丈夫王敬直因平时与太子过从甚密，受到牵连而被流放岭南，他们的婚姻也就此画上了句号。

唐代的公主一般都在15岁左右出嫁，此时她也就二十一二岁，转而又嫁给了开国功臣刘政会的儿子刘玄意。刘玄意官衔很多：渝国公、上柱国、驸马都尉、汝州刺史、洪州（南昌）、饶州（上饶）八州采访史。但他任齐州刺史一事史书上没有记载，是他自己在千佛崖的造像记中言之凿凿地记录下此事，可能是任期太短的缘故。

唐代公主的婚姻大多不幸，虽然她们嫁的都是豪门贵族，但善终者不多。上面提到的唐初四大名相的公子们娶的都是皇帝的女儿，除了南平公主嫁给王珪的儿子之外，城阳公主嫁给杜如晦的儿子杜荷，杜荷也是受太子李承乾谋反案牵连而掉了脑袋。高阳公主嫁给房玄龄的小儿子房遗爱，两口子涉嫌谋反一起被杀。李世民最小的女儿新城公主最初由老爹做主许配给魏征的儿子魏叔玉，后因李世民猜忌魏征不忠而悔婚，另嫁他人。此外，还有长乐公主

嫁给长孙无忌的儿子长孙冲，后因老爹被诬谋反，长孙冲被流放岭南。据史料统计，有唐一代的公主们因各种原因婚变再嫁者达 28 人之多。[①]

唐太宗李世民比较偏爱长孙皇后所生的女儿，如长乐公主、城阳公主、新城公主，她们都是嫡公主。同样因为牵扯太子党谋反案而发生婚变，第二次婚姻时李世民亲自为城阳公主占卜问卦，择取良辰吉日，甚至听信卦辞欲把傍晚结婚（这也是“婚”的原意）的习俗改到中午，最后还是在大臣的反对下方才作罢。南平公主是庶出的女儿，也就享受不到这份殊荣。但幸运的是她再嫁的老公刘玄意一生平安，得以善终，最后有资格陪葬在昭陵老丈人李世民的身边。

还有一种说法提到南平公主其实早在李世民去世后的第二年即永徽元年（650）就已故去，这与千佛崖公主造像题记上的纪年不符，还有待于进一步的考证。

三、驸马造像

公主造像的第二年，她的第二任丈夫、驸马爷刘玄意也在此造像一尊。刘玄意的父亲刘政会是开国功臣之一，位居凌烟阁二十四功臣之列。

驸马的造像位于僧人明德所造二佛并坐像的北边，那里有两根石柱支撑着悬崖上探出的危石，紧挨着北面那根石柱的长方形佛龛造像即是。佛龛不大，仅有0.75米 ×0.45米，龛内雕有一尊比较少见的佛陀倚坐像。佛龛两侧边框饰以陀罗尼经幢，这种细八角形石柱上面大都刻有“陀罗尼经

①参见宋英：《从出土墓志看唐代婚姻习俗》，西安碑林博物馆编：《碑林集刊》（七），陕西人民美术出版社 2001 年版，第 160 页。

咒”，它是7世纪佛教密宗传入中国后新添的一种宗教建筑元素，据说有镇魔驱邪、护佑太平的法力，自唐代开始逐渐流行。在泰山周围，义净的家乡长清张夏镇土屋村原四禅寺遗址前至今仍伫立着一座宋代的经幢；肥城陶山幽栖寺遗址也有一根唐代陀罗尼经幢，后来移入泰山岱庙东碑廊保存。佛龛左侧还雕有一位手持金刚杵的威猛的力士，右侧雕有一头蹲踞的狮子。

在整个千佛崖造像中，驸马的造像与周围那些体量较大的造像比，显得很低调、很不起眼，可是这尊造像的来历却非同小可，他叫“优填王像”，被称作释迦牟尼的“真容像”和“众像之始”。由此可见行事低调的驸马爷其实于佛教颇有造诣。

优填王像是古印度一位名叫优填的国王所造的佛陀像，据说是世界上的第一尊佛像，同时也是最接近佛陀本人形象的“真容像”，所以在佛教历史上具有非常重要的象征

驸马造像——优填王像

意义。

优填王是古印度憍赏弥国的国王，也称“出爱王”，他与释迦牟尼是同时代人，也是释迦牟尼的忠实拥趸。据佛经记载，因为佛陀的母亲在其出生后七天不幸罹世，早早地升入忉利天。佛陀成道后，为报母恩，上升到忉利天宫为母亲说法，三月未归。优填王思念如来，就请佛陀的大弟子、具有“神通第一”的目犍连施展神通，运送能工巧匠三次往返天宫，绘得释迦真容，然后用名贵的旃檀木即檀香木，雕刻成佛陀的样子，使优填王可以天天看见释迦牟尼，以宽慰他对佛陀的无比思念之情。这尊旃檀像因此就成了世间的第一尊佛像，后出的佛像都是仿照他的形式衍化而来，所以后世就把他称为“优填王旃檀瑞像”，意为优填王所造的旃檀佛像。

唐贞观十九年（645），玄奘从印度取经归来，带回了七尊佛像，有三尊即为“旃檀像”，其中一尊玄奘特别说明是“拟憍赏弥国出爱王慕如来刻写檀香写真像”，也就是说仿制的优填王当年所造的佛陀瑞像。回国后玄奘曾在长安展示过他从印度带回的佛经和佛像，当时万人空巷，人们争相目睹，其图样很快就流布天下。不久，这种风格的佛陀造像就陆续出现在洛阳一带的石窟中。仅龙门石窟就雕刻有一百余尊优填王像。

目前国内所见的“优填王像”大都为佛陀倚坐像，就像千佛崖驸马的造像所表现的那种形式：佛陀双足下垂，倚坐于带靠背的金刚宝座之上，右手上扬，做施无畏印，左手抚膝，做与愿印。据洛阳一带石窟造像统计，最早的

优填王像出现在永徽六年（655），最晚见于调露二年（680）均在唐高宗当政时期，前后不过二十年，可以说是昙花一现。到了武则天称帝时，她自称是弥勒佛下凡，掀起了弥勒信仰的高潮，倚坐像几乎无一例外都变成了弥勒菩萨的专属形式，因为唐代之前的倚坐像大都用来表现弥勒。缘于此，优填王倚坐像不再用来表现佛陀，而代之以旃檀立像成为标准的优填王像。①

优填王像究竟具有哪些优势才会在唐初形成僧众热捧的高潮呢？除了玄奘西天取经的传奇经历极大地满足了人们的好奇心，以及他所带回的大量经书法器所制造的轰动社会效应之外，与其他佛像相比，优填王像自身还具有无可比拟的以下优势：首先他是佛陀的“写真像”，最接近释迦牟尼的真容；其次，他出自国王之手，传入中土后被视为“人君有道”的象征，被当作“王朝正统”的标志来传承，从而对历代统治者具有特殊的吸引力。据史料记载，南北朝时期笃信佛教的梁武帝所供奉的一尊优填王旃檀瑞像，后被隋文帝、宋太宗等历代帝王相继供养。金兵南犯汴京时将其掠至燕京，又先后被金、元、明、清四朝帝王供奉于皇家寺院内，被视为国家的保护者和守护神。直到光绪二十六年（1900），八国联军攻陷北京后，这尊历经千年的传世之宝最后被入侵者抢走，至今下落不明。②

驸马刘玄意别出心裁，在此处雕刻这么一尊与众不同的佛像其用意非常明确：表明他坚定不移地站在维护唐高宗统治的一方，与现政权保持高度的一致。

唐朝的驸马不好当，虽说娶公主是一件很荣耀的事儿，

①参见金申：《金申趣谈古代佛像》，紫禁城出版社 2009 年版，第 102~107 页。

②参见宿白：《魏晋南北朝唐宋考古文稿辑丛》，三联书店 2020 年版，第 438 页（注释 27）。

可那时的世家大族却大都不愿意娶公主为妻，当时社会上流传着这样一句顺口溜："娶妇得公主，平地生公府。"意思是公主们自恃门第高贵，放不下身段，娶进门后大都盛气凌人，很难和谐相处。另外，有些驸马也不知天高地厚，仗势胡作非为，不是掉了脑袋，就是被贬远窜，不得善终。当朝皇帝除了时刻提防自己的兄弟们阴谋篡权外，还要严加防范那些姐夫、妹夫们结党营私。

刘玄意早早就被唐高宗外放汝州、洪州、饶州任职，然后又到济南任齐州刺史，远离了权力斗争的中心，再加上他崇信佛教，与世无争，故仕途平顺。他不像夫人那样明确表示是为父皇而造像，只是说"敬造像供养"，不确指是为谁而造，可明眼人一看就知道他是借这尊政治意蕴浓厚的优填王像来昭告世人：我造此像的目的就是企盼国泰民安，皇祚长久。言外之意就是请高宗夫妇放心，本人坚定维护高宗一朝的皇权统治，绝无二心。

在千佛崖造像之前的永徽六年（650），刘玄意还曾在洛阳龙门石窟的宾阳洞敬造阿弥陀佛像一龛和金刚力士像一尊，在造像题刻上还专门注明"永徽元年十月五日，汝州刺史、驸马都尉、渝国公刘玄意造金刚力士"[①]。看来他对金刚力士情有独钟。八年后在千佛崖造像时在佛龛的左边同样也雕刻了一尊金刚力士像。可能他是想请法力无边的金刚力士保佑他一生平安。果然他实现了一生无虞的人生理想，得以善终，最后与南平长公主一起为父皇李世民陪葬于昭陵。这可是莫大的荣耀，因为按照唐律，驸马只要没犯大错，一般都可以享受陪葬帝陵的哀荣，这也许可

①参见陈晶鑫：《洛都圣像：龙门石窟》，中州古籍出版社2014年版，第60页。

以算作是娶公主的一点好处吧。

四、皇子造像

神通寺真是一处佛家圣地，对四方的僧众都具有莫大的吸引力。高僧们在此造像，信众们在此造像，皇室贵胄们也接踵而来。公主来了，驸马也来了，更有甚者，远在青州的刺史也风尘仆仆地赶来了。

皇子造像

时任青州刺史的赵王李福，是李世民的第十三个儿子，他于显庆三年（658），也就是驸马造像的同一年，在千佛崖开窟雕刻了两尊最大的佛像。

赵王李福所造佛像位于千佛崖的北端，是在一个两窟相连构成的一座大龛里结跏趺坐的两尊大佛，造型与高僧明德所造的并坐二佛非常相似。其造像题记为：“大唐显庆三年，行青州刺史，清信佛弟子赵王福，为太宗文皇帝敬造弥陀像一躯，愿四夷顺命，家国安宁，法界众生，普登佛道。”[①]

从这则造像记我们可以读出以下信息：造像的时间是在大唐显庆三年（658），唐高宗执政时期；造像的主人是时任青州刺史的赵王李福，他是南平长公主同父异母的胞弟、刘玄意的内弟。他还是一位虔诚的佛教“清信弟子”；造像的主体是阿弥陀佛；造像的动机是为父皇祈福，同时也为国家、民族和广大僧众祈福。真不愧为皇子，具有如此博大的胸襟和兼济天下的慈心悲愿。无论就造像的规模还是题刻内函的深度而言，比南面他的姐夫刘玄意不止高出了一个量级。

李福人如其名，真是有福之人：他贞观八年（634）出生，3 岁时就被封为“赵王”，13 岁时出任洪州（今南昌）刺史，虽然只是挂名而已。紧接着同年又任秦州（甘肃天水）都督。三年后，贞观二十三年（649）唐太宗李世民去世，高宗接班之际被召回京城担任宫廷警卫——右卫大将军一职，直到高宗坐稳龙椅后五年，即永徽五年（654），外放为鄜州（陕北富县）刺史。显庆二年（657）正月任青州刺史，二年后任隰州（今山西临汾）刺史，总章三年（670）任梁州（陕西汉中）都督。因为唐高宗李治喜欢改年号，他当政时曾改过 14 个年号，李福到梁州赴任时年号又改为咸亨元年。也就是在这一年九月十三日，李福在官邸病逝，以身殉职，终年仅 37 岁，属于英年早逝。死后陪葬在乃父的昭陵。[②]

从李福短暂而又走马灯似的官场经历不难看出，虽然他一生官运亨通，但除了父王去世后调任京城当了五年的

①参见刘继文：《济南神通寺》，山东友谊出版社 2005 年版，第 60 页。

②参见黄清发：《唐赵王李福、妃宇文修多罗墓志考释》，西安碑林博物馆编：《碑林集刊》（十九），三秦出版社 2013 年版，第 78 页。

右卫大将军外，其余大部分时间都是在地方任职，与权力中枢基本无缘。究其原因，李世民在世时，因为他是庶出，不受待见。再加上他的母亲杨贵妃来自隋朝的杨氏家族，属于前朝遗民，虽出身高贵但身价已大打折扣。另外，当年李世民夺权时亲手射死了自己的亲哥哥、太子李建成，后来于心不忍，就把李福过继给死去的李建成当儿子，以笼络人心。所以李福早早就被踢出了亲儿子的圈子，成了“别人家的孩子”，小小年纪就被打发出京城。然而“塞翁失马，焉知非福”，远离权力斗争的漩涡反而保全了他。就在他那些年长的哥哥们为争夺太子之位而打得头破血流、死的死、贬的贬，皇子们一个个过得惶惶不可终日之时，他却天高皇帝远，相安无事。

16岁时，父皇李世民龙御宾天。排行老九、“生性懦弱”的李治凭借“嫡幺子”的优势继承了皇位。登基之初，李治为了维护自身的安全和新政权的稳定，防范其他皇兄们趁机篡权，就把远在外地、与世无争的皇弟李福调来京城，任命他为“右卫大将军”，属正三品，相当于卫戍司令一职，负责宫内要害部门的警卫职责。在这权力交接的关键时刻李治能让李福担当如此重任，足见他对这位老实巴交的小老弟的莫大信任。但等到他坐稳了龙椅之后，为避免再有人觊觎皇位，对谁都不放心，就把李福又外放到地方为官，且频繁调动不已，唯恐他在一地经营太久而坐大。而李福的那些哥哥弟弟们就没这么幸运了，当初李世民就亲手废掉了两个嫡子李承乾和李泰，赐死了庶子齐王李祐，剩下的那些皇子们到了李治和武则天当政时则被进一步赶尽杀绝，最后，李世民的 14 个儿子，除了李治当上了皇帝，就剩下李福一个人得以善终。与他那些死于非命的兄弟们相比，他虽寿命未永，然一生平安，可以算作是有福之人吧！

李福之所以能够独善其身，一生无虞，与其夫人有很大的关系。李福的夫人名叫宇文修多罗，属鲜卑族，“宇文”是复姓，“修多罗”为佛教用语，意为“契经”，就是上可契合诸佛的妙理，下可契合众生的机缘。

宇文修多罗的父亲宇文士及曾在隋朝担任朝廷高官，颇得隋炀帝的信任，隋炀帝曾把自己的长女南阳公主嫁给他，使其成为驸马都尉。隋大业十四年（618），隋炀帝巡幸江都时，宇文士及的哥哥宇文化及发动宫廷政变，弑杀了隋炀帝，然后裹挟宇文士及一家拥众北上，逃往关中。半路上，宇文化及被割据领袖窦建德所杀，一同被害的还有他的两个儿子和宇文士及的儿子。宇文士及的儿子死时才 10 岁，名叫“宇文禅师”。而南阳公主则免于一死，获准出家为尼。

战乱中宇文士及投奔了大唐。由于他与唐高祖李渊是故交，他的妹妹又是李渊的妃子，所以被委以唐朝的高官，不久官拜宰相。李世民当权后，除了让他继续担任相当于宰相的中书令一职外，还兼任右卫大将军一职七年（李福曾经干过的差事），深受李世民的器重。据《旧唐书》记载，在宇文士及担任右卫大将军期间，李世民经常将其召入宫中商讨国事，常常半夜三更才得以归宿。即使休息在家唐太宗也时不时会派人驰马来召。他生性谨慎，每当妻子向他打听进宫的事由，他都守口如瓶，从来不向家人透露半

点口风，所以一直受到李世民的信任。贞观十六年（642）他病重期间，唐太宗亲自到他家中探望，并且“抚之流涕”，可见君臣感情之笃。他死后被追赠左卫大将军、凉州都督，陪葬昭陵。

当年宇文士及跟随李世民擒杀窦建德后，曾经寻找过妻儿的下落，打听到南阳公主正要从洛阳赶往长安，就要求和公主见上一面。可公主就是闭门不开，严词拒绝道：“你们一家是我的杀父仇人，看在当年你并不知情的份儿上我且饶你一命。你若真想见我，立马死在这里，我就出来见你！”宇文士及自知没趣，怏怏离去。后来，李渊作主，将一李姓贵族女嫁给他，育有一子一女。儿子名叫宇文普照，女儿名叫宇文修多罗，字普明，也就是后来李福的夫人。从宇文士及给自己的儿女所取的名字禅师、普照、普明和修多罗可以看出，他无疑也是一位虔诚的佛教徒。在这种具有浓厚的佛教氛围的家庭中长大的宇文修多罗，嫁给李福后自然会把她的宗教信仰潜移默化地濡染给她的夫君，最终使他成为一名“清信佛弟子”。也正是秉持着这种置身世外、与世无争的处事心态，才使其躲过了历次宫廷内斗的风暴，从而顺利实现了人生的平安着陆，死后得以享受与妻子共同陪葬昭陵的殊荣（宇文修多罗于显庆五年去世，十年后李福去世）。据《唐会要》记载，李世民的 14 个儿子只有 6 位得以陪葬昭陵，除李福善终外，其余 5 位均是被迫害致死或死于流放之地，后来才从异地移葬昭陵的。

365 年，当时的佛教领袖道安法师在率领他的僧团逃难

途中曾发出感叹：“不依国主，则法事难立！”从此，中国佛教的发展就一直遵循着他所指明的这条道路，与王权互动互融，成为稳定国家柱础的基石，教化民众的生力军，和谐社会的布道者。从他的师傅佛图澄起，经他这一代人，延及后来的法显、玄奘、义净等高僧，都是忠实践行这一基本原则的楷模。这样一来，佛教就与政治发生了千丝万缕的联系，在许多方面都自觉不自觉地打上了明显的政治烙印。从迄今发现的大量造像记可以看出，自北魏起，佛教造像就已不再单纯局限于广大信众对诸佛的膜拜，而代之以上为国家皇帝祈福，下为家庭成员纳吉，彰显出浓厚的家国情怀。而皇室贵胄雕凿佛像 除了为自己积攒功德外，更多的是将所造之像看作是帝王的化身，借此来为逝去或在位的帝王歌功颂德。最典型的例子当属北魏的昙曜法师在云冈石窟所开凿的“昙曜五窟”，窟窟看似佛祖，实则暗喻帝王，从第二十窟往下排，分别对应着开国皇帝拓跋珪及其后继的四位帝王，其政治寓意表露无遗。

李福所造的这两尊佛像，乍一看与明德禅师所造的二佛并坐像并无二致，就连佛衣左侧的钩纽系带都几乎相同。可仔细端详，人们就会发现左侧的坐佛略显胖大，右侧一尊则显得秀美端庄，头略左倾，女性特征十分明显。他分明是同时造了两尊佛像，可在造像记中却说“为太宗文皇帝敬造弥陀像一躯”，这里面究竟隐藏着什么玄机呢?

造像时正值显庆三年（658），这是唐高宗李治的第二个年号，前一个叫“永徽”，用了六年，然后在656年改元“显庆”，原因是为了庆贺他与武则天所生的儿子李弘被立为太子。也就是在这前一年，武则天终于排除异己，登上了皇后的宝座。从她上位的那一天起，她就开始疯狂地打击前朝的元老重臣和李治的兄弟姐妹，就连国舅长孙无忌都不放过，将其迫害致死，包括李治的两位亲姐夫，也是李福的亲姐夫：长乐公主的驸马长孙冲和新城公主的驸马长孙诠一并被流放，客死他乡。李氏族人朝不保夕，诚惶诚恐地生活在武氏的淫威之下。一位盛气凌人的女皇即将从幕后走向前台。

李福虽然置身于政治风暴的中心之外，可他对朝中权力斗争的走势看得一清二楚，那就是顺武则天者昌，逆武则天者亡，没有其他道路可供选择。他已经预感到迟早有一天他这位凶悍的嫂子会临朝听政，他那位懦弱的九阿哥李治终将成为一个傀儡。在这生死存亡的关头如何自保呢？除了一如既往地远离京城、远离政治，一门心思烧香拜佛之外，借在神通寺千佛崖造像之机，特意敬造一龛“二佛并坐像”，寓意“二圣临朝，共掌朝政”，不失为一招妙棋。名义上是为父皇造像，可明眼人驻足于此一眼就能看出其中暗藏的玄机：貌似多宝、释迦二佛并坐，其实偷换了概念，隐喻高宗皇帝与皇后同框。这就表明了自己的政治立场和对待现政权的态度，希望借此免遭其他皇子们的厄运，祈求佛祖保佑，父皇保佑，皇帝皇后开恩，平安度过自己的余生。

当年曾供职于神通寺四门塔文管所的何庆亮先生，在其所著的《风雨神通寺》一书中，论及赵王李福的造像时这样叙述道：“两尊佛像面相饱满，分别是阿弥陀佛和弥勒佛。”如果这一说法成立的话，那就更加证实了笔者的推测：当年武则天为了当上女皇曾经不择手段地大造舆论，大肆宣扬她就是弥勒佛下凡，还自封为“慈氏金轮圣神皇帝”，“慈氏”就是弥勒，所以为了迎合武则天这种狂热的弥勒崇拜造势，李福明明造了两尊像，却十分含糊地说“敬造弥陀像一躯”，而另外一躯你看着像谁就是谁了，正所谓“仁者见仁，智者见智”罢了。以此作为献给“二圣”的投名状再好不过：既不失皇子的尊严，又含蓄地表达了自己的政治取向，足见李福为了生存其用心是多么良苦。

其实不单单是李福这样做，许多李氏族人为了自保也是煞费苦心地取悦二圣，以求平安无事，消灾弥祸。据《新唐书·诸帝公主》记载，李福同父异母的的姐姐、李世民的第十一女临川公主李孟姜，在高宗继位后不久即上表《孝德颂》，奉承他以孝治国，勤政为民，是父皇选定的可靠接班人。因此受到高宗的褒奖，从而奠定了她与皇帝之间良好的姐弟关系。武则天的母亲去世后，李孟姜很快又写了一篇歌颂武则天的文章，称赞她孝感天下，母仪四方，赢得了武则天的欢心，亲自回信表示感谢。此后还经常与之书信往来，保持着良好的姑嫂关系。无独有偶，临川公主的母亲韦贵妃更是有过之而无不及。李治当上皇帝后，韦贵妃的身份自然就变成了太妃，是皇帝的长辈。可她却屈尊每天早晚两次都要进宫给李治和武则天请安。69岁高龄时，还硬撑着陪二圣去泰山封禅，不幸病逝于途中。[①]母女俩以这种委曲求全的方式来明哲保身，行之有效地避免了像其他族人那样时不时遭受飞来的横祸。她们死后均被

①参见胡元超：《昭陵墓志通释》，三秦出版社2010年版，第383、620页。

恩准陪葬昭陵。而且韦氏的墓在昭陵180多座陪葬墓中是除了魏征墓外又一座因山为陵的大墓，也是昭陵陪葬墓中距离昭陵最近、规格最高的一座墓葬。①

五、百姓造像

百姓群体造像位于千佛崖中部，距地面约五六米高的一块向前探出的摩崖石壁上。龛窟属于袖珍集中排列，一龛一佛，形体均匀，排列整齐，共35尊。在此驻足仰望，一种高山仰止的感觉顿会油然而生，其整体造型别具一格，给人以极强的视觉冲击力。

造像题记为："永淳二年六月内为天灾旱测，近诸村史同、王方百余人等于朗和尚广所祈请，虽蒙甘泽，发心设斋，造像造经。"②

永淳二年即公元683年，这一年唐高宗李治驾崩，武

百姓造像

①参见王双怀：《中国唐代帝陵》，陕西人民出版社2020年版，第176~177页。

②参见刘继文：《济南神通寺》，山东友谊出版社2005年版，第60页。

则天开始华丽转身，准备走上前台，行使女皇的权力。这一年济南一带遭遇大旱，附近村民只好组团到神通寺烧香拜佛，祈求素以神通著名的朗公再现神通，拯救这方干渴的土地。发愿后果然普降甘霖，润泽苍生。于是百姓们集资造像，以示感恩。

自南北朝以来，尤其是在北朝，这种由上百人甚至上千人共同集资开窟造像或立碑造像的风气特别盛行，这种自发的民间组织一般被称为“邑义”“社邑”或“法义”。这里的“邑”不是指地域概念，而是指某一地域内信奉佛教的人所结成的宗教团体。而“法义”的“法”特指佛法，“义”则为“结义”，它们叫法不同，其实质均是通过共同的佛教信仰这根纽带，将相邻的民众联系在一起，形成一个依附于就近佛教寺院的外围组织，主要从事集资造像、立塔建寺、抄写佛经、举办法会以及开展一些社会慈善福利事业，是那个时代弘扬佛法的一支有生力量，具有鲜明的时代特色。[①]

这类佛教团体其成员多以居家男女信众为主，也有僧人或地方官员参加。济南地区的邑义多称为“法义”，通常称其成员为“法义兄弟姐妹”。邑义的管理者包括邑主、维那、邑师等。邑主、维那上面还有都邑主、都维那。维那原指寺院内的执事僧官，邑义借用这一名称来称呼他们团体中的管事即组织领导者。在千佛崖这铺群体造像题记中，“史同”“王方”就类似于邑义当中的邑主或维那。

济南一带有关“法义”的比较完整的信息保存在黄石崖摩崖造像的石刻造像记中。黄石崖位于济南千佛山南侧

①参见郝春文:《中古时期社邑研究》，上海古籍出版社 2019 年版，第 56~60 页。

的螺丝顶山（实则应为“乐缘寺顶山”）之阴，那里有北魏正光四年（523）至东魏兴和二年（540）的摩崖造像85尊，造像记八则，为后人保留下来了极其珍贵的佛教历史资料。[①]

通过这些造像记我们了解到，黄石崖的诸多造像群体成分比较复杂。其中以妇女为主的团体“法义兄弟姐妹”由27人组成，由维那主刘爱女、维那主沐梵姬率领的21人，联袂维那主张牛女、维那主呼延摩香为首的6人，两个民间组织共同集资，于北魏正光四年在黄石崖共造像24尊。另有北魏孝昌三年（527），都维那张神龙、都维那王难生领导的“法义兄弟100余人，各抽家财，于历山之阴敬造石窟，雕刊灵像，上为帝主（皇帝），法界群生，师、僧、父母、居家眷属，咸预福庆，所愿如是”。这100多人除了普通信众外，还有4位僧人加入。

最引人注目的是北魏孝昌二年，由皇室成员“帝主元氏”为首的“法义35人，敬造弥勒像一躯，普为四恩三有，法界众生，愿值弥勒”。“四恩”指天地君亲师，“三有”指有识、有情、有缘。佛教偈言曰：“三途八难具离苦，四恩三有尽沾恩。”三途指畜生、恶鬼、地狱三道，八难指八种无缘听闻佛法的魔障。493年，北魏孝文帝拓跋宏为了早日实现全面汉化的宏伟愿景，把首都从大同迁到洛阳，并强令拓跋族人将姓氏一律改为姓“元”，故这则造像记中称邑主为“帝主元氏”，其中的帝主当为北魏皇族，而并非是皇帝本人。在这35人中，有都维那4人，维那3人，比丘3人。成员中邓恭伯、崔令姿夫妇是当时的贵族。邓

① 参见张华松等:《历城县志·正续合编》第四册，济南出版社2007年版，第760~762页。

恭伯任征北将军、金紫光禄大夫，其父曾任齐州刺史。他们的先祖邓羌在前秦时是苻坚的车骑大将军，号称“万人敌”，一生戎马，战无不胜，未有败绩，就连权倾朝野的宰相王猛都要让他三分，有“前秦第一名将”的美誉。崔令姿出身于清河（武城）大宗崔氏家族，自东汉以降便为显宦世家，她与第七章中提到的“灭佛第一人”、北魏大司徒崔浩是同一家族。1965年，崔令姿的墓在济南东郊圣佛寺院村（今盛福小区）出土，墓志铭记载她于北魏武泰元年（528），也就是她参与黄石崖造像的二年后去世，年方29岁。[①]

另外，邑义成员中还有“清信士”和“清信女”，如造像记中记载：“清信士佛弟子雍州长安人王僧欢敬造尊像一躯。”“清信女赵胜、习仵敬造弥勒石像三躯，愿生生世世直遇弥勒。”所谓清信士，梵语称为“优婆塞”，一般是指皈依三宝、接受五戒的在家男居士，也统称所有居家的男佛教信徒；而女居士则称为“优婆夷”或“清信女”。赵王李福在其造像题记中自称“清信佛弟子”，即表明自己是一位居家的佛教徒。清信士和清信女与邑义之间的关系比较松散，可以随组织一起活动，也可单独自由行动。[②]

从神通寺千佛崖百姓造像题记中我们还可以解读出，神通寺开山鼻祖朗公的大名并未随时光的流逝而变得默默无闻，而是历久弥新，在附近的村民中口口相传。从351年到683年，虽然已过去了300多年，可朗公在人们的心目中还是那么神通广大、无所不能。人们亲切地把神通寺

①参见韩明祥：《济南历代墓志铭》，黄河出版社2002年版，第1页。

②参见郝春文：《中古时期社邑研究》，上海古籍出版社2019年版，第106页。

称为“朗和尚广所”，每当遇到大灾大难时都忘不了来这里向“朗和尚”祈祷，期盼借助他的无边法力来排忧解难，共克时艰。可见朗公音容宛在，德范长存。

绮堂晴带千峰秀，碧宇云开万井秋。
——【清】徐乾学《万柳堂》

第四章 古寺神通

神通寺在隋开皇三年（583）之前被称为“朗公寺”，推测这也只不过是一种习称，它的真实名称已湮没在历史的长河中。顾名思义，这座寺院是由一位法号“朗公”的高僧创建的，后代人尊称他为“朗公”。他生活在中国历史上大分裂的两晋十六国时代，在此山中弘法 50 余载，活到 85 岁的高龄。他创建的这座寺院至今已有 1600 多年的历史。

朗公是十六国时代来自西域的高僧佛图澄的弟子，在介绍朗公之前，先让我们了解一下他的老师佛图澄。

一、“神僧”佛图澄

1979 年，北京大学著名学者季羡林先生应邀访问印度德里大学。在校方所致的欢迎词中，有这样一句话：“中国跟印度有两千年的友好往来，印度佛教徒佛图澄、鸠摩罗什、菩提达摩跟成百的其他印度人把印度文化的精华传播到中国。”[①]可见在印度人的心目中佛图澄是中印文化交流的伟大先行者之一，一位载入史册的著名历史人物。不过，从严格意义上来说，佛图澄是西域龟兹（今新疆库车）人，只是因为他九岁时在乌苌国（今巴基斯坦西北边境斯瓦特地区）

①参见季羡林:《天竺心影》，百花文艺出版社 2007 年，第 16 页。

出家，后来又两度赴罽宾（今克什米尔）学法，以上地区古时候都属于印度的地盘，故印度人理所当然地把佛图澄看作是自己的同胞。而鸠摩罗什也是出生在龟兹，他的母亲是当地人，只是因为他的父亲是天竺人，就把他也算作印度人。其中只有禅宗初祖菩提达摩是真正的印度人。当然，在汉人眼中，他们都是来自西天的“胡僧”。

310年，佛图澄从西域来到洛阳时，虽然已是79岁的高龄，可他精神矍铄，神采飞扬，一米八五的个头，矫健挺拔，一点也不像一位耄耋老人。他一生的知识储备异常丰富，用“学富五车”来形容一点也不夸张。他除了深谙佛法之外，对魔术、幻术、占卜、咒术、医术、天文、地理等样样精通。这得益于他早年在印度学道时从婆罗门教那里学来的这些旁门左道。这些装神弄鬼的把戏后来还真派上了用场，他靠这些“障眼法”硬是哄得后赵统治者石勒、石虎惊呼其为天人，将其奉若神明，宠信有加，为他们的军国大事问卜占卦、加持护佑，俨然一副运筹帷幄的军师形象。反过来，佛图澄借机行事，巧妙地利用统治者手中的权力帮助他大力推进佛教的普及，打破了佛教传入中国后近300年不温不火的沉闷气氛，使佛教的传播如燎原之势迅速燃遍了中原大地，最终形成了建寺893所，授徒万余人的空前规模，成为中国佛教发展史上前无古人、后无来者的一位传奇人物。

（一）慈悯苍生，劝化统治者少开杀戒

佛图澄来到中国，正值中国历史上长达300年大分裂

时期的肇始之年——五胡乱华、十六国割据的前赵、后赵称雄之际。

匈奴人的前赵、羯族人的后赵是那个时代最残暴血腥的割据政权。仅据《二十四史》中的《晋书》统计，自前赵建立的公元 304 年至后赵灭亡的 352 年短短 48 年中，中国北方单纯因为战争而死亡的人口有 99 万之多，而当时华北的人口仅 990 万左右，总户数约 200 万，因战乱而亡殁的人数高达北方总人口的 10%，总户数的 40%，也就是说，每一百个家庭有 40 个男人死在战场上。①

在前后赵统治时期，后赵的暴君石虎尤为嗜杀成性，《晋书》说他“降城陷垒，不复断别善恶，坑斩士女，鲜有遗类”。322 年，石虎围剿盘踞在泰山一带的徐龛部众，将降卒 3000 人全部坑杀。323 年，石虎攻下广固城（今山东青州），又坑杀降卒 3 万人。本来他还打算将城内百姓全部杀光，可派来青州当刺史的刘征却看不下去了，抗议说：你把人都杀了，我还管谁呢！石虎这才留下男女 700 口人，让刘征管辖，镇守广固。②

石虎当上后赵皇帝后，更加变本加厉。他在首都邺城（河北临漳）、废都长安和洛阳大兴土木，营造宫殿，驱赶百姓 40 余万，夜以继日地辛苦劳作，死伤无数。为进攻东晋作准备，强令征兵，每家有三个男人的必须征二人入伍。光制作盔甲的工匠就有 50 余万人，制造舰船的工匠也有 17 万人，这些工匠有 2/3 在征调途中死于非命。士兵比工匠更惨，政府不但不供给粮食，每五个士兵还要献出一辆牛车、两头牛和十五斗米。人民卖儿卖女来供奉石虎的横征暴敛，

①参见尚永琪：《3~6 世纪佛教传播背景下的北方社会群体研究》，科学出版社 2008 年版，第 42 页。

②参见安作璋：《山东通史·魏晋南北朝卷》，人民出版社 2009 年版，第 49 页。

等到子女卖尽或没人再买得起时，“世界上最和平善良的中国农民，只好全家自缢而死，道路两侧挂满了那些绝望百姓的尸体”①。

佛图澄就是在这中原大地群魔乱舞之时，误打误撞地闯进了这个火坑。他来的不是时候，他本来是打算去洛阳建寺弘法的，但严酷的现实给了他当头一棒。他目睹生灵涂炭，僧侣遭殃，为救苍生于水火之中，没有后退半步，不顾个人安危，“明知山有虎，偏向虎山行”，以“我不下地狱谁下地狱”的慈悲情怀，毅然“杖策军门”，深入虎穴，希望能以佛法来感化这些杀人魔王。

石虎问佛图澄：何谓佛法？佛图澄回答说：佛法就是戒杀。石虎说：朕为天下之主，不杀人不能平定天下。佛图澄说：帝王奉事佛法，必须不施暴虐，不害无辜。不能口是心非，说一套做一套。对于那些凶顽无赖，屡教不改者，自然不能不绳之以法。但如果恣意妄为，滥杀无辜，就算你倾尽所有财富来奉佛，也逃脱不了恶有恶报的厄运。石虎听后虽然本性难移，但为了寻求神灵的庇护，也不得不装装样子，收敛了许多。正是由于佛图澄的苦口劝谏，才使得天下不知有多少无辜的生命免于被杀戮的命运。

（二）弘法利生，兴教布道

佛图澄来华时佛教已传入中国300年左右，但在广大民众中尚未得到广泛的普及。因为佛教来自西域，佛陀属于“外国”的神，故上自帝王，下到百姓，都对其敬而远之。政府只允许西域人建寺奉佛，而不准汉人出家为僧。

①参见柏杨：《中国人史纲》，中国友谊出版社1998年版，第394页。

五胡十六国混战所造成的社会大动荡冲垮了汉末以来已经十分紊乱的传统纲纪，打破了旧有的社会秩序。空前的民族大交流与大融合为佛教的普及提供了适宜的发展空间，在连年战乱疾疫中挣扎的民众渴求心灵的慰藉，佛教应运而来，正好填补了大众那孤独无助的精神需求。余秋雨曾经说过：“中国历史不管是兴是衰，民间社会的很大一部分人就是依靠佛教在调节着精神，普及着善良。”任何一种宗教在创立之初，都是为了对人生作出一种解释，提供一种人文关怀，让生活在底层的人们在遭受苦难时仍然怀有一丝希望。这也是为什么每当社会动荡不安时，恰恰是宗教发展的上升通道期的深层原因。

佛图澄正是抓住了这一稍纵即逝的历史时机，巧妙地利用后赵统治者对他的个人崇拜，换取了皇帝的特许，使佛教在中国历史上第一次获得了政府的官方认可，成为事实上的“国教”，一举打破了普通百姓不许信佛的禁令，营造出“中州胡晋略皆奉佛”“皆营造寺庙，相竞出家”“所历州郡兴立佛寺八百九十三所，弘法之盛，莫与先矣”的弘法盛况。这远远超出了他的预期：本来他只想在洛阳建一座寺院，可没成想整个华北地区都成为他的道场，他门下龙象辈出，日后大都成为佛教界的领军人物。道安、慧远、僧朗等弟子薪火相传，不负众望，让佛教的星星之火在中国大地上渐成燎原之势，燃遍了大江南北。

（三）育才兴化，首创佛教僧团制

佛图澄来华前佛教在中国的传播属于零散的、不成规

模的松散结构，汉人不准出家为僧，佛教的义理仅局限在上层官员和少数知识分子中当作清谈的话题，寺院更是少得可怜。

佛图澄来华后的三十八年间，大部分时光是在后赵度过的。他凭借其渊博的学识和博人眼球的“神通”，迅速赢得了当权者和普通百姓的崇拜与追随，“授业追游，常有数百，前后门徒，几且一万”；“时止邺城寺中，弟子遍于郡国”。这种前所未有的盛大规模，在当时人口相对稀少的中国北方地区是蔚为壮观的。当然，这一万人的庞大规模绝非一朝一夕所形成的，而是在一个漫长的历史时期里逐渐积累起来的。那时佛教的戒律还没有完整地传入中国，佛图澄还不可能构建起完善的剃度受戒制度，所有这些人中的大多数可能仅为“信众”而非“僧众”，而且佛图澄在这么短的时间里吸引如此多的人信教，主要靠的不是佛教教义的开示，而是以老百姓喜闻乐见的“神通”来打动人心，因此，称其为“教团”而非“僧团”更为贴切。①这个由佛图澄一手打造的佛教教团在中国历史上不但是空前的，更是绝后的。这之后的胡、汉政权纷纷出台“僧官”制度以管理宗教事务，而佛图澄实际上就已经率先担当起了这种大任，成为中国北方最高级别的“僧官”。

就如同孔夫子弟子三千、贤人只有七十二那样，佛图澄身边真正秉受其法味的弟子也仅有几百人。这些人才是撑持场面的中坚力量，才是名副其实的“僧团”，其中日后著名的道安僧团、慧远的庐山僧团，以及僧朗的泰山僧团承前启后，形成三股强大的弘法势力，把佛教的种子播

①参见严耀中:《华梵杂学集》，上海古籍出版社 2016 年版，第 287 页。

撒到大江南北，给挣扎在水深火热之中的劳苦大众送去心灵的慰藉，佛法也随之流布四面八方，佛教中国化的大门从此彻底敞开。

（四）屡显神通，折服“二石”（石勒、石虎）

据《高僧传》记载，佛图澄在后赵石勒当政时期，曾经三次凭借寺塔上的铃声来分辨吉凶：一次鲜卑人来袭，人多势众，石勒犹豫不决，迟迟不敢拒敌。佛图澄告诉他：我据寺里铃声判断，他们劳师远袭，人困马乏，未必能赢，趁其立足未稳，明天一早就能打他个人仰马翻。石勒决定出兵后心里还是没底，又派人来问胜算能有几何，佛图澄十分自信地告诉来人：敌酋都逮住了，你还问个啥！果不其然，由于后赵设伏兵背后偷袭，鲜卑人大败，敌将段波

敦煌莫高窟第 323 窟佛图澄听铃辨吉凶图

落马被擒。

328年，石勒与前赵皇帝刘曜争夺洛阳。石勒欲亲自出马大战一场，但遭到了部下的一致反对，恐有闪失，出现不测。石勒拿不定主意，就去征求佛图澄的意见。佛图澄说：塔上铃声表明，只要您亲自出马，鼓舞士气，定能马到成功，擒得刘曜。石勒闻言大喜，拍马而去，杀了没几个回合就打败了刘曜，不久前赵帝国就宣告灭亡。

336年，后赵首都邺城邺中寺塔上的铃铎无风自鸣。佛图澄听到后大惊失色，对众人说：铃声警示我们，不久国有大丧。果然，三个月后，一代枭雄石勒去世。

当然，佛图澄的“神通”不止这些，诸如“善诵神咒”“役使鬼神”“掌中视物”“遥控灭火”等，他还精通医术，能拔疴除疾，起死回生，诸般神技不一而足，这也是他众望所归的原因之一。敦煌莫高窟323窟北壁，就以全景式连环画的形式，描绘了佛图澄的神异事迹，其中就有“闻铃辨吉凶”“千里救大火”的画面。

传说毕竟是传说。抛却掉神话的色彩，从这些灵异的故事中我们可以读出，他学识渊博，才智超群，心思缜密，机智灵活。说穿了，佛图澄所显摆的那些令人眼花缭乱的“神通”和法术，只不过是他以善巧方便来宣扬佛法的障眼法，是针对那个时代的人们对佛教将信将疑的观望心态所施展的一种手段，因为单凭理论说教难以打动人心，必须露两手“绝活”才能博人的眼球，让人心服口服，自觉皈依佛门。

随着佛教的普及，佛教义理逐渐深入人心，人们就不再需要依靠“神通”来传播信仰、激发兴趣，于是这类神通也就越来越少，逐渐淡出了人们的视野，取而代之的是像道安之后的许多高僧大德那样靠深入探讨佛教的义理来吸引僧众，营造出无限正等正觉正信的宗教氛围。

348 年，117 岁高龄的佛图澄在邺宫寺圆寂。次年暴君石虎也去世。石虎死后，他的子孙们为争夺王位互相残杀，又过了一年，后赵帝国就在战乱中宣告灭亡。

佛图澄去世后，他那庞大的僧团顿时陷入群龙无首的境地。中国北方烽烟再起，群雄争霸，民不聊生。为了躲避无休止的战乱，僧人们纷纷化整为零，分头行动，离开邺都，朝着他们认为最安全的地方逃去。

二、负笈东来

告别了昔日繁华的都城邺城，佛图澄的弟子们如同惊弓之鸟一般，朝向四面八方逃难而去。道安一众人等游荡在太行山东麓，而竺僧朗则和同道们远走东南，直奔泰山而去。

竺僧朗俗姓李，京兆（今西安）人，少小出家，游学四方，学成后回到老家关中，致力于佛法的传播，尤其擅长宣讲《放光般若波罗蜜经》，一生不知讲了多少遍。他晚年讲经每说到精彩处，山石都为之点头，故称“灵岩”，后来他所创建的第二座寺院就叫“灵岩寺”。

佛图澄在后赵被尊为“大和尚”后，四方学人云集邺城，争先恐后地欲投师受业，以期能早日成为他的弟子。僧朗就是被这股求法热潮席卷到佛图澄身边的。对于这段经历，与那个时代相隔不远的北魏官员、曾任青州刺史的郦道元在

他的地理巨著《水经注》中是这样记述的："有沙门竺僧朗，少事佛图澄，硕学渊通，尤明气纬。"这就毋庸置疑地表明了佛图澄与竺僧朗乃真正的师徒关系。

据《续高僧传·僧意传》记载，有一种说法竺僧朗是与僧意、志湛和其他追随者结伴一起来泰山的。泰山在中国人的心目中是一座"神山"，被称作"五岳独尊"。它拔地通天，是芸芸众生能与"老天爷"对话的唯一平台。多少帝王争先恐后地登泰山封禅祭祀，祈求国泰民安；多少善男信女登泰山期盼神灵护佑，保一生和顺。当年孔子登泰山而"小天下"；李白登泰山吟诵出"天门一长啸，万里清风来"；杜甫望岳而感"会当凌绝顶，一览众山小"。正是"江山多娇，引无数英雄竞折腰"。

就像他们的师傅佛图澄来中原来的不是时候一样，僧朗一行来泰山来的也不是时候。虽说"天下名山僧占多"，可泰山却是个例外，由于它是道教徒心目中的洞天福地，所以从山顶到山下，早已遍布道教的道场，令僧朗这群佛教徒在山前无落脚之地。在这种"山重水复疑无路"的境况下，他们只好翻山越岭，来到泰山之阴人迹罕至的谷山脚下驻足，草创了谷山寺。

谷山寺位于泰山山后的谷山之阴，这里古树参天，溪水潺潺。寺院后面有一棵树冠团团如盖、荫蔽约一亩地的六朝古松，称"一亩松"，至今郁葱如烟云，迎风自吟。虽然此处乃修行的绝佳之地，可美中不足的是地方太过狭促，周围人烟稀少，不适宜较大规模僧团的居住和弘法度众。于是，僧朗就将僧意留下来经营这方丛林，他和志湛又继续在泰山后的

泰山之阴的玉泉寺（谷山寺）

群山中向北跋涉，去寻找更适宜的风水宝地。

僧意没有辜负僧朗的期望，他把谷山寺经营的风生水起，次第花开。据《高僧传》记载，僧意在谷山寺“聚徒教授，迄于暮迟，精诚不倦”。神奇的是，僧意“每登座讲说，辄天花下散在于法座”。他心如菩萨般坚韧守候，沉默担当，与这座云蒸霞蔚的大山结下了一生的因缘。虽然僧传对僧意的记述不多，但《世说新语》的“文学”篇却记载了有关他的一则有趣的故事：有一年，僧意与东晋的一位清谈高手王修相遇。当时上流社会正热议另一位清谈家何晏的“圣人无情”说，王修就此话题与僧意展开论争。一上来王修就居高临下地对僧意说：“你先发问吧！”僧意顺势就问王修：“圣人有感情吗？”王修说：“没有。”僧意又问：“圣人如栋梁吗？”王修答道：“不，圣人如筹码，虽能变化无穷，但本身并无情愫，只是使用它的人才有意

图。”僧意又问：“那谁又能指使圣人呢？”王修面对僧意的接连发问，突然发现自己的论点出现了难以自圆的漏洞，一时理屈词穷，无言以对，感觉下不了台，很失礼地扭头就走了。由此不难看出，僧意思维敏捷，反应机敏，早就是一位辩才无碍的出类拔萃之辈。

谷山寺东侧有清泉一泓，水质甘洌，为过去僧人的饮用水源，名“玉泉”，故该寺后来俗称“玉泉寺”。泉旁石碑上镌刻隶书“玉泉”二字，清秀隽永，乃辛弃疾年少读书时的同窗好友党怀英所书。后来金兵南侵，二人分道扬镳，辛弃疾成为抗金英雄，党怀英则入仕金朝。

同行的释治湛是泰山后不远的“齐州山茌”人氏，离开谷山后，他回到老家山茌，在那里的人头山创建了衔草寺。山茌即今济南长清区张夏镇，汉代属泰山郡。虽然这个地名比较生僻，可要是说出几个曾经在这里待过的历史名人你肯定耳熟能详：汉代的张良、娄敬，晋代的僧朗、张忠，唐代走水路赴印度取经的高僧义净，等等。这正应了那句话：“山不在高，有仙则名。”

张夏镇西北约 10 公里的关王村，因附近有一山头形似人头，故名“人头山”，衔草寺就坐落在这处山谷里，相传是在南北朝时代，南朝刘宋时来自罽宾国的高僧求那跋摩所建。但考诸僧传所叙，求那跋摩是由海路来华，在广州登陆，后被刘宋的皇帝迎请到首都建康（南京），长期居住在祇洹寺，主要从事讲经、译经活动，三年多后即在祇洹寺圆寂，从未有行脚江北的历史记录。那时正值北魏政权大举进攻刘宋，占据了江淮之间的大片土地，交战的

双方在此拉锯胶着日久，属于危险地带，求那跋摩是不可能冒着生命危险穿越封锁线、深入敌占区去传教的。

如果衔草寺的始建者不是求那跋摩，那只能是志湛了。《续高僧传》称赞他“立行纯厚，省事少言，仁济为务”。“读诵《法华》，用为常业”。最终修得罗汉初果，圆寂后即在人头山“筑塔安之，石灰泥涂，鸟兽不敢凌污”。寺内现存一座方形石塔，其形制与四门塔非常相似，可以看出它们之间存在着某种内在的联系，也即上下院的隶属关系，暗示志湛与僧朗属于同一个僧团。由于时间久远，存世的僧传对僧朗、僧意与志湛之间的关系记载得不够清晰、准确。虽说他们是结伴一起来泰山的，但又说志湛是“朗公曾孙之弟子”，在时间节点和传承关系上似乎前后矛盾。但可以肯定的是，他们都是泰山僧团的成员，或是逆旅中的同伴，或是薪火相传的师徒。

衔草寺北距济南长清大学城10公里，周围群山环抱，曲径通幽。2010年，昌如法师受济南僧众礼请，驻锡衔草寺主持古寺的修复重建工程。古寺初创时“百鸟衔草，众人拾柴”的动人场景再现于今天。相信不久的将来，在这与川流不息的104国道相隔不到5公里的山坳中，悠扬的梵呗之声会在恍如隔世般的山谷中再度唱响！

三、驻锡琨瑞

告别了僧意和志湛，朗公一行顺着泰山后的蜿蜒山路继续北行，寻觅适宜的容身之处。他们一直走到今济南南部山区柳埠镇的一处山谷，被这里秀美的景色深深地吸引

金舆谷全景。（自金牛山向北俯瞰金舆谷，远山如屏，左侧的白虎山和右侧的青龙山拱卫着神通寺和四门塔）

住了。这处山谷掩映在群山之中，北西东三面被山峦环抱，只有南面向外敞开，玉水河从谷口流过，隔河与南面的一座高山相望。这座高山像一架巨大的屏风东西横亘，遮掩这处谷地形成“藏风聚气”之势，山拥水绕，非常契合风水学中“风水宝地”的基本要素。

山谷东侧的山名“青龙山”，西侧的山名“白虎山”。二山左右拱卫，有挡风护气之功。隔河南望的山名“金牛山”，古时候笼统地称这些山为“琨瑞山”，而金牛山最高，是琨瑞山的主峰。该山北侧的玉水与山南麓的另两条山溪在柳埠镇附近汇流成南部山区三川之一的锦阳川。

古代金牛山曾被称为“金舆山”。“舆”原指车厢，因这处山谷就形如一个巨大的车厢，谷口的玉水河仿佛是车轴，不舍昼夜，驰骋向前。古人云：“气乘风则散，界水则止。”玉水河就像人体中的血脉，推动着山谷中生气

的运行，维护着生气的凝聚。而南面的金牛山就像古代车驾前方做扶手用的横木“轼”（苏轼的“轼”），所以此山谷亦被称为“金舆谷”。谷内还有一条小溪自北向南贯穿整个谷地，在谷口注入玉水，称“琨瑞溪”。在20世纪初德国建筑师梅尔彻斯所拍摄的神通寺遗址照片中，可以清楚地看到即使在冬天，琨瑞溪的水流也比现在大得多。[1]因僧朗在此建寺，声名远播，故这条山谷又称“朗公谷”。因为“舆”字既难认又难写，故“金舆山”后来被讹称为“金榆山”“金驴山”。

唐代段成式在《酉阳杂俎》中记载，当年僧朗初来此地时曾在金舆山的山洞中暂时栖身，上下山全靠一头毛驴代步。僧朗去世后，这头毛驴也躲进了深山。有人曾经看到过它，发现竟然是一头金驴（可能是它长有金黄色的毛发吧）。当地百姓都喜欢听到它的叫声，把它的叫声当作预告丰年的吉兆，都说“金驴一鸣，天下太平”。后来为图吉利，将“金驴山”改为“金牛山”。

据民间传说，有人曾打这头金驴的主意，出高价预定了山下瓜农地里的一只大烧瓜（甜瓜的变种，亦称“脆瓜”），叮嘱瓜农不到一百天绝对不能摘下。待到天气转凉瓜秧枯萎后，瓜农实在等得不耐烦了，以为那人不会回来了，就在第九十九天把那只烧瓜摘了下来。可没成想那人第二天竟然来了。他得知烧瓜已被摘下，恼怒不已，但生米已做成熟饭，也别无办法，只好忍痛买下这只烧瓜。他怀揣这只烧瓜，埋伏在金驴经常出没的地方，等那头金驴出现后，拿起烧瓜朝它猛地砸去——可是由于那只烧瓜还差一天才

①参见［德］恩斯特·伯施曼：《中国宝塔Ⅰ（下）》，张胤哲、李学敏译，赵省伟主编《西洋镜》第二十一辑，广东人民出版社，2021年版，第358页。

完全成熟，功力不够，没能把金驴砸死，只打掉了它的一只耳朵。

如今金牛山上的金驴洞仍在，位于山的东麓、接近山顶的的背阴处，向下可以俯瞰神通寺和四门塔。新建的“最美高速”——济泰高速公路从它脚下穿过。公路上那些川

神通寺前方的金牛山

金牛山东麓的金驴洞

从金驴洞远眺山川

流不息、飞驰而过的机动车告诉我们，毛驴作为交通工具的时代已经远去。朗公在天有灵，也会惊叹这大千世界的巨大变化。

“硕学渊通，尤明气纬”的朗公除了佛学造诣斐然外，尤以精通“堪舆术”见长。古代的“堪舆术”就是一门辨地貌、观风水的学问。僧朗慧眼识珠，一眼就看中了这块风水宝地，决定不走了，就在这幽僻的山谷里兴建道场，让老师佛图澄未竟的事业在这里发扬光大，让弘法度众的悲愿在这里落地生根，开花结果。

四、开山建寺，初创丛林

虽然金舆谷是泰山之阴一处不可多得的风水宝地，气场宜人，山林殊胜，但当时却是一块儿尚未开发的蛮荒之地。它荆棘密布，虎狼出没，人迹罕至。

从公元351年开始，僧朗凭借着他弘法度众的强烈愿力和在逆境中绝不低头的坚强毅力，筚路蓝缕，白手起家。他与弟子们斩木披荆以启山林，掘地穿井以敷利用，硬是在无路中踩出路来，面对各种艰难困苦不屈不挠，砥砺奋进，把逆境当作增上缘。他一切都亲历亲为，胼手胝足，和大家一起餐风露宿，入泥入水，同甘共苦，“孜孜训诱，劳不告倦”。对他而言，改造这片山林就是一趟实践佛法的旅程，从此，他与这片云蒸霞蔚的大山注定了一生的因缘。此后五十多年，依托这群大山，他建立起当时齐鲁大地上最负盛名的僧团，为天下出家人谋划安身立命的长久之策不遗余力。

在他为天下苍生广种福田、大作利益的强大悲愿感召下，附近的百姓闻讯后纷纷前来添砖献瓦，“闻风而造者百有余人”。大家望风景从，齐心协力，撮石砌基，摊土平下，上接山脚垒以成台，下依涧溪砌石为屋。不久，昔日的荒山野岭在他们的手中翻作庄严道场，一座气势非凡的寺院从地涌出，拔地而起，“大起殿舍，连楼叠阁”，“创筑房室，制穷山美”。它随山就势，错落有致，清水环阶，白云满室，与周围的自然景色融洽无碍，浑然一体。整座寺院简洁内敛，朴素大方，“虽素饰不同，并以静外致称”。从此，这穷乡僻壤里便有了佛、菩萨，晨钟、暮鼓，经声、佛号，欢喜与信众。佛陀的光芒如旭日东升般照耀到这空山幽谷中未曾开化的土地。

因年代久远，寺院本来的名称已无从考据，因系僧朗所建，习惯上称它为“朗公寺”，二百多年后又被隋文帝改名为“神通寺”，一直沿用至今。本书中两个名称互用：朗公住世时称“朗公寺”，朗公示寂后称“神通寺”。

神通寺遗址

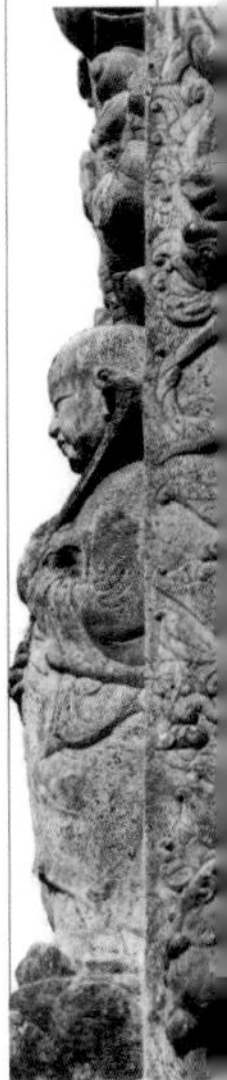

朗公寺建成后，自然成为山的一部分，也成为朗公悲愿的一部分。在这里，“内外屋宇数十余区”，蜿蜒的小路，如茵的草地，高大粗壮的绿树，扑楞楞飞起的小鸟，草地间盛开的花朵，都拥在金舆谷的怀抱里，与起伏的山地浑然一体。天光映照，微风吹拂，营造出佛门净地的一片圣洁。

“创入则闻虎鸣于北川。”这是300多年后从神通寺走出来的唐代高僧义净追思朗公当年初创丛林时的艰辛之况。据《高僧传》记载，金舆谷中过去常发生老虎伤人的事件，山民外出必须持械结伴而行。自从朗公来此地后，虎灾从此消失，百姓昼行夜出畅通无忧，大家无不拍手称快。古时候，猛虎的种群数量较多，分布也广，对人的生命威胁极大。孔子曾经感叹“苛政猛于虎”，说明人在世间所遭受的最大威胁莫过于“暴政”，其次就是老虎，前者扼杀人的心灵，后者吞噬人的生命。

神通寺所在的金舆谷北头有一自然村，名叫“泉子峪”，是琨瑞溪的源头所在。在村东北方向半山腰有一处天然山洞，村民称它为“老虎窝”，相传这里就是古时候此山涧中老虎的巢穴，可见当年的虎患并非虚传。

在第二章中我们曾经提到过，《高僧传》中有关高僧驯虎的传说多达十余则。在佛经中，老虎被比喻为像“无常”那样令人恐怖可憎，高僧驯虎谕示着佛法无边，敢为世人消弭“无常”，以驯服恰如猛兽般的罪恶和欲望的法力，降伏世间所有困惑人心的猛兽与恶魔，让人心得以净化，让世界获得安宁。另外，僧传中僧人的伏虎行为和高僧的身份认同密切相关。不是随便一位僧人就具有伏虎的能力，只有那些根底深厚、修为精纯之人才能做到这一点。而僧传的作者正是通过这些止息虎灾的奇迹来塑造出高僧与众不同的形象，凸显出他们高远的道行和无边的法力。①

神通寺历经1600多年几经兴废，朗公住世时所遗留下来的“遗珍”目前只有那口“神异井”，它位于讲经堂遗址东侧，琨瑞溪的旁边。相传朗公建寺之初，常在此处参

神异井

禅打坐，凭他特有的神通——“天耳通”，听到地下有水声，遂让弟子在此挖掘，不过数尺就见到了泉水。这井水质甘洌，冬夏不竭，无论打上来多少水，井水都不会减少。可是一旦女人走近井口往里看，水位立马就会下降。但只要焚香礼拜，井水即刻就会上涨到原来的高度，故此井被称为“神异井”。其实这一传说只不过是封建礼教对妇女的一种歧视而已，并无什么“神异”可言。

五、农禅并举，自食其力

朗公寺建成后，殿堂庄严，佛像巍巍，僧归有宿，钟

①参见陈怀宇：《动物与中古政治宗教秩序》，上海古籍出版社2020年版，第180页。

鼓和鸣。空山幽谷中梵呗悠扬，祥云缭绕，很快就成为齐鲁大地上香火鼎盛的佛教道场。随着它的声名远播，四面八方的僧众慕名纷至沓来，昔日荒僻的山野如今接引着一批又一批的学人和信众，真是道不远人，道场也不远人。

凡是远道而来的，无论人数多少，在他们还没有到来之前朗公就已经预先知晓，于是吩咐弟子按照人数准备斋饭，结果每次都如他所言，很少出现过亏欠或剩余，大家莫不佩服他有先见之明。其实，这只不过是得道高僧的另一种神通——他心通，即能够预先知晓别人的心思。佛教中常见的神通有六种，除了以上介绍的天耳通、他心通外，还有神变通、天眼通、宿命通、漏尽通，本书的最后一章将作详细介绍。

神通寺的米粮仓，号称“天仓”

在琨瑞溪东侧的青龙山坡，附近村民耕作翻地时屡屡发现深处铺有石板，还有残存粮食的遗迹，猜测这里曾是僧人们晾晒和储藏米面的场所，就把这里称作“米池”“面

池”。2017年，在这处遗址上塑造了众多僧人辛勤劳作的雕像，形象地再现了当年僧人们的劳动场景。

传说朗公寺的粮仓被称作“天仓”，开山鼻祖朗公曾赋予它神奇的功能：天仓里的粮食随吃随增，永不匮乏。故义净法师在其名著《南海寄归内法传》中提及天仓时曾不无骄傲地感叹道：“天仓去米而随平。”可见那时朗公寺的吃穿用度丰饶有加。

传说归传说，馅饼是不会自己凭空从天上掉下来的。中国僧人不像印度僧人那样习惯于托钵乞食，而是倾向于大家聚拢在一起过集体生活。这种以寺院为单位的僧团赖以生存的经济基础一方面靠各方善信和施主的慷慨布施，另一方面主要是靠大家一起下地劳动，辛勤耕作，自食其力。四百多年后禅宗的百丈禅师所制定的佛门清规“一日不做，一日不食”其实早就在中国的寺院里开始施行。上一章提到的朗公的同门师兄道安法师，他12岁出家后就被师傅“驱役田舍，至于三年，执勤就苦，曾无怨色”。可见道安在出家后的头三年里一直在为寺院种田劳作。虽然寺院经济在佛图澄力促统治者将佛教奉为国教后有了长足的发展，僧人的生存环境有了极大的改善，但出家人必须从事生产劳动来养活自己是中国佛教的一大特色，这一优良传统延续了千百年。

《酉阳杂俎·贝编》中记载：“卢县（今济南长清）东有金榆山（即金舆山），昔朗法师令弟子们至此采榆荚（榆钱），诣瑕丘（今山东兖州）市易，皆化为金钱。”意思是说，当年朗公曾让弟子们到金舆山（今金牛山）上采榆钱，然后拿到兖州的集市上去买东西，那些榆钱都变成了铜钱可以花出去。僧人们采榆荚是可信的，但榆荚变成金钱肯定是杜撰的。当时前秦的皇帝苻坚曾称赞朗公的弟子们“学徒清秀”，这些优秀的僧人怎么可能拿“假币”跑到100多公里开外的集市上去花呢！这只有一种可能：在那个兵荒马乱、民不聊生的年代，食物匮乏是经常发生的事。每到春夏之交、青黄不接的时候，僧人们会到附近的山上采榆钱、挖野菜以充饥果腹，聊补无米之炊。而“吃不完的米面”只是一种美好的奢望而已，即使在物质生活极度丰富的今天也不可能做到。

不过在西汉初年，市面上真的流通过一种“榆荚钱”。那时刘邦初定天下，政府手里没有足够的铜来铸造铜钱，就把铜钱做得很薄，中间的方孔开的很大，老远一看真像榆荚一样。目前出土的最轻的汉代铜钱已经轻到单片在普通天平上称不出重量的地步，两片合在一起仅重0.1克。[①]

如今在神通寺遗址北部白虎山脚下，可见一大型石碾，碾盘直径6米，碾砣重10.8吨，有“天下第一碾”之称。可以想见当年这一巨碾需要多少人手来推动，一次可以碾出多少粟米，又可以供多少人用餐。

在遗址的南侧，地上还留有古代凹槽碾盘的构件。碾盘呈圆形，直径5.3米，是用11块花岗石做成弧形，每一块石头上再凿出凹槽，相互对接而成，相传是当年寺院里的僧人们用来碾榨植物油用的。

这些承载着时代印记的一件件遗物，都传递出寺院在历史的长河中一直秉持着自力更生、自食其力的优良传统，

①参见汪凌燕、汪通：《穿越历史聊经济》，北京大学出版社2016年版，第77页。

“天下第一碾”

彰显着中国佛教所极力倡导的“禅修为主，务农为生”农禅并举的生存法则，世代传承，绵延不断。

六、育才兴化，接引后学

朗公生逢乱世，应劫而来，为弘法度众费尽心血。他不但是一位精勤不倦的法苑总设计师，还是一位成就斐然的佛教教育家。晚年他在离神通寺不远的灵岩寺讲授佛经，每到精彩之处，竟令山石都频频点头。虽然这只是一个美丽的传说，但《高僧传》说他“硕学渊通”绝非虚饰之词。

他的家乡远在陕西西安，出家后四处拜师求学，受具足戒后常年在关中一带专以讲经宣法为务。他平生所讲的佛经主要以《放光般若波罗蜜经》为主，该经是当时社会上非常流行同时也是最具权威性的一部大乘佛经，291 年由西晋的无罗叉和竺叔兰首译，100 多年后鸠摩罗什重译为《摩诃般若波罗蜜经》，602 年玄奘再次重译更名为《大般若经》。今天我们耳熟能详的《心经》即为玄奘所译《大般若经》600 余卷中的一小节，虽仅有 260 个字，但却有提纲挈领之功。

在鸠摩罗什译出《摩诃般若波罗蜜经》之前的一个多世纪中，《放光般若波罗蜜经》是当时僧人们所能见到的最全面介绍大乘佛教般若思想的宝典，它所阐释的般若性空、诸法如幻、中道思想、二谛理论等令人耳目一新的佛教义理，给中国的僧人带来心灵的启迪，给汉地佛教的发展壮大注入了新鲜血液。从此“般若”二字频繁地出现在汉字中和汉语中，至今仍是令人咂摸起来回味无穷但读起来却很容易出错的一个梵语词汇（般若应读作“bō rě”）。

朗公当年在邺城跟随佛图澄学习时，仍然保持着以前在关中时的传统，坚持不懈地为广大僧众宣讲《放光般若波罗蜜经》。后来成为鸠摩罗什翻译佛经得力助手之一的僧睿，是邺城本地人。年轻时经常去听朗公的演讲。仗着年轻气盛，经常找茬抬杠，与朗公争论不休，有时让朗公下不来台。对此，朗公非但不生气，反而私底下对僧睿的老师僧贤夸赞道：您的学生才华过人，来日定能青出于蓝而胜于蓝！果不其然，后来僧睿成为鸠摩罗什门下的重要译师，为 300 多卷佛经的译出立下了汗马功劳。其中大部分佛经都是由僧睿作序的，他被称为“关中四圣”之一（另三圣是道融、道生、僧肇）。后秦皇帝姚兴曾向别人打听僧睿的才华，那人说：“他真像邺卫（今安阳一带）之松柏

呀！”可等后来姚兴见过僧睿后，姚兴感叹道：“他哪里只是邺卫之松柏，实乃四海之标领啊！”

来到泰山后，朗公仍一如既往地把育才兴化作为传法的重要举措。建寺是为了普度众生，更为了接引学人。在他心目中，构建起完善的弘法和修学体系同等重要。欲使佛法昌明发达，绵延不绝，就必须培养能薪火相传的后备人才梯队。

佛陀时代，竹林精舍就是最早的佛教大学，导师是释迦牟尼，教授是佛陀的十大弟子。后来又在吠舍离和舍卫城相继开办了佛学讲堂，四十九年如一日，治学严谨，广育良才。可以说，佛教从诞生之日起就注重人才的培养和可持续发展，这也就是它后来能够跻身世界三大宗教行列的“秘笈”之一。

朗公凭借他的崇高的人格魅力和宗教热忱，接引着南来北往的一波又一波善男信女前来寻求佛法的真谛。他开堂说法，弘经布道，广辟后学的无尽法门，门下信徒日众，龙象迭出。他虽身居山林而胸怀天下，每每率众行道，昏晓不绝。这种修学并重的道行在当时无异于一股清流，吸引着越来越多的有志之士前来亲炙朗公的教诲。他身体力行，为十年树木，百年树人而孜孜以求，鞠躬尽瘁。

宋代高僧赞宁在《宋高僧传》中记载了一件趣事：唐朝时泰山有位“东岳降魔禅师”，名叫释藏师。他自幼学佛，天资聪颖，且胆识过人，从小就不知道什么叫害怕，7 岁时就敢一个人住在一间经常闹鬼的屋子里，毫无畏惧之心，故被人称为“降魔师”。待其成年受具足戒后开始云游四方，参访良师益友，“九州灵迹罕不登升”。后来拜禅宗北宗鼻祖神秀为师。一天神秀问他：“你名叫降魔，我这里既无山精，也无树怪，你降的哪门子魔？”释藏师答道：“有佛就有魔。”这一回答不落窠臼，富有哲理。神秀非常欣赏他的才华，就对他说：“泰山多魔鬼，看来你与泰山有缘，你还是到那里去降魔吧！”于是他就尊师之命远赴泰山传道。

中国传统文化认为，虽然泰山拔地通天，是一座神山，但在它的地下却隐藏着巨大的鬼域冥府。佛教传入中国后，东汉的安世高在翻译佛经时就直接把佛经中的“地狱”译成“泰山”，指明其为“十八层地狱”之所在。故泰山脚下深藏着阴曹地府，网罗着阴魂鬼怪。至今泰安市还保留着象征着地狱之河的奈河、奈河桥、奈河东路、奈河西路等相关地名，足见传统文化的烙印根深蒂固。神秀给他的徒弟物色了一个绝佳的能施展抱负、一显身手的“用武之地”，指派他到泰山一带去降妖除魔，真是“专业对口”，人尽其才。

释藏师到泰山后，并没有热衷于降魔捉妖，而是专注于弘扬佛法，因为他明白老师派他到泰山来的真实意图是为了扩大北派禅宗的社会影响力。由于他根柢深厚，博学敏思，很快就声名远扬，吸引着四方学人纷至沓来，络绎不绝。而他有教无类，奖掖后学，因材施教，诲人不倦。一生法嗣不计其数。故赞宁称赞他为“金舆谷朗公行化之亚也”。这里所传递出的微言大义就是：释藏师是泰山一带德行仅次于朗公的高僧。由此可见，朗公的口碑历久不衰。即使到了北宋年间，朗公“戒德冰霜，学徒清秀”的禅智净范仍为后人所景仰。朗公身后泰山一带高僧辈出，《宋高僧传》的作者唯独拿释藏师来比肩朗公，就是褒扬释藏师像朗公那样不仅仅独善其身，满足于个人怀仁山林，隐居求志，而是把普度众生、接引后学当作自己义不容辞的责任和义务，为日后佛门的龙象辈出奠定了坚实的基础。这也从一个侧面反映出当年朗公不仅仅是因为开山建寺而名闻天下，同时他还作为一位出色的佛教教育家为后人所称道。

七、金舆盛会

朗公寺建成后，香火日盛，声名远播，日益成为海右佛教的中心，吸引着无数的僧众前来拜访。为了进一步扩大寺院的影响力，宣传普及佛教的教义，教化更多的黎民百姓，朗公开始定期举办佛教法会。

法会是佛教仪式之一，亦称“法事”“佛事”，是为宣示佛法及供佛施僧所举办的大型集会。佛教的发源地印度自古以来即盛行此类集会。佛教传入中国后，法会这一仪轨也日趋流行，到了梁武帝时代达到了巅峰，法会甚至走出了寺庙，办到了皇帝的御花园里。[①]

（一）法会盛况

虽然我们无缘一睹当年朗公寺的法会盛况，但十分幸运的是恰好有一本书记载了神通寺在唐代举办法会的盛况，可以让我们穿越时空，一窥法会的真容。

唐代义净是从神通寺走出来的高僧，他从印度取经归

①参见陈金华：《佛教与中外交流》，中西书局2016年版，第169页。

来后写了一本书，名叫《南海寄归内法传》。在这本书中，他回忆起他年轻时的导师善遇法师去神通寺参加法会的情景：大约在唐高宗时代的某年二月十五日，也即佛祖释迦牟尼的涅槃纪念日那一天，属于神通寺下院的土窟寺善遇法师亲率僧众一行，共赴祖庭神通寺参加法会。这一天神通寺经幡飘扬，梵呗吟唱，人们从四面八方涌来，摩肩擦踵，争睹令人眼花缭乱的法会仪式，瞻仰朗公当年留下来的天仓和神异井，以及四门塔、千佛崖等佛教遗址。

当时的齐王率领众多的文人学士也来捧场，“悉萃于此，俱怀笔海，并擅文峰”，大家都跃跃欲试，想借此机会一展身手，显露一下自己的才学。大家首先一致推举善遇法师出场，因为他是神通寺最富有才华的法师。他学识渊博，博古通今，除佛学造诣了得外，世间学问无所不晓。他曾任义净的“亲教师”，即直接指导老师。从义净的口中，我们得知他有“七德”：博闻、多能、聪慧、度量、仁爱、勤勉、知天命。

博闻：法师博古通今，除精通佛教经典外，还博览百家之书，兼擅儒家六艺，旁睇天文地理、阴阳五行、术数方技，尤其对古文字颇有研究。他常非常自信地说：“世上没有我不认识的字。”

多能：他多才多艺，通晓乐律，工于书法，篆、隶、楷、草等均笔精墨妙，挥洒自如。另外，他还是一位很在行的工匠，干起各种杂活来也是一把好手。

聪慧：法师聪慧过人，40卷的《涅槃经》一天就能诵读一遍。隋末为避战乱曾去扬州驻锡，一开始当地的僧人看他一副北方人敦厚质朴的模样，以为他没啥能耐，就让他读《涅槃经》，还让两位小和尚监督着他看他读的对不对。法师成竹在胸，从早上一直读到下午，一字不差，毫无倦意，在场的人听都听累了，钦佩之余纷纷劝他歇会儿吧。

度量：法师心胸宽广，但凡买东西，要多少钱给多少钱，从不讨价还价。借钱的人还钱时附上利息，他从来不要。周围的人都钦佩他这种慷慨仗义、利乐有情的懿德。

仁爱：法师每遇乞讨，从不拒绝，还常年坚持每天施舍三文钱。有一年隆冬时节，一位游方僧人双脚冻伤溃烂，被人送至寺院。法师见状后立即脱下自己新做的披肩裹住僧人的伤口。旁人劝他找些旧布料就行，可法师说救苦救难是刻不容缓的事儿，哪里还能称量再三、犹豫不决呢！

勤勉：八部《般若经》（现知有九部）法师已经各读了上百遍，诵经之余还十分虔诚地诵念阿弥陀佛，计数用的豆粒甚至可以装满两小车。平时他一有空闲就洒扫大殿与佛堂，始终保持佛像、供桌和烛台纤尘不染，让寺院蕴渥着庄严肃穆的丛林氛围，给僧众营造出一个温馨清净的研修家园。

知天命：法师世寿63岁，去世前一年，他把平时所浏览的除佛教以外的所有书籍都化为纸浆，塑造了两尊金刚像。弟子们心疼地央求他把书留下，宁可用白纸换他的书籍。法师说：这都是些旁门左道，耽误了我一生太多的精力，让我不能专心致志地研读佛法，我不能够再把这种遗憾留给你们，让你们也像我那样涉猎旁功杂学，虚度了许多本该用来研习佛法的大好时光，因此我才痛下决心把它们都化作了纸浆，免得再贻误你们。最后，师傅仅把《说文解字》等字书留给了义净。临终前他与弟子们告别，说再过几天我就要走了，我走后请你们把我的骨灰抛洒到门前的河流中去。三天后，法师在河边的树林里手持扫帚安详地示寂。在他生命的最后一刻都保持着平时勤勉劳作的姿态，终其一生积福惜福，赐福众生。

法师是今山东德州人，是朗公所创神通寺的大德，他与义净的规范师慧习禅师有感于山中修行虽然远离尘嚣，但不利于弘法度众，于是二人结伴来到齐州城（今济南）西四十里营建了土窟寺，为无数南来北往的民众传授佛法，扶危济困，其义事善举不胜枚举。

说到这里，大家自然就会明白，为什么在这群贤毕至、高手如云的法会上，众人一致推举善遇法师首先出场了。

在众人的瞩目之下，善遇法师成竹在胸，当仁不让，甫一开篇就语惊四座，他“援翰写壁，曾不停毫，走笔成篇，了无加点”。诗曰：“上圣光茂烈，英猷畅溟海。空谷自栖迟，荣命虚相待。万古山川旷，千年人代改。真识了无生，徒见丹青在。”诗成，才子如林的现场“竟无一人和耳”。那些饱学之士自愧弗如，纷纷搁笔，甘拜下风。

义净的这番描述，给我们提供了一个比较清晰的参照系。由此上溯270多年，我们可以管窥东晋时代朗公住世时他所主持的金舆谷法会的盛况：山河依旧，法象庄严，僧众济济，梵呗悠扬。四方学人、各路高僧齐聚朗公寺，共同赞颂佛陀所开创的神圣事业，亲耳聆听朗公那动人心魄的佛教义理开示，举行各类别开生面的宗教活动，人们如同过节一样熙熙攘攘，欢聚一堂。

（二）贵客来访

在众多的来宾当中，有一位贵客特别引人注目，他就是朗公的同门师兄道安法师。当年他们的师傅佛图澄去世后，众弟子如飞鸟投林，各奔东西。朗公来到了泰山，道安则远走襄阳。一晃30多年过去了，一直未曾谋面的老同学，身处乱世竟然能在金舆谷相聚，真是喜出望外，百感交集。在过去的岁月中道安是怎样走过来的，在他身上都发生了那些故事呢？

道安俗姓卫，312年出生于常山扶柳（今河北正定南）一个儒学世家。当时正值西晋末年，天下大乱，民不聊生，出生不久即告父母双亡，12岁就被送进了寺院。他天资聪颖，读书过目不忘，近万字的佛经读一两遍即能诵读如流，让师傅大为惊叹，遂格外器重，重点培养。20岁时受具足戒，之后在师傅的鼓励下走出寺院，行脚游学。

如同现代的“北漂”一样，那时的年轻人也喜欢向京城聚拢，因为大都市里汇聚了太多的人才、知识和机遇。在后赵帝国的首都邺城（今河北临漳西南，曹操曾在此修筑铜雀台准备安置二乔的地方），佛图澄正如日中天，成为北中国的佛教领袖，也成为无数莘莘学子们崇拜的心灵导师，渴望寻求大善知识的道安自然不会错过这个大好时机，迅速投身到这位巨匠的门下，拜佛图澄为师。

佛图澄自310年来到中原，一直到他圆寂的348年，近40年弘法生涯中前后弟子多达万人，可他对道安这位肤色黝黑、其貌不扬的弟子格外器重，因为他发现道安天资聪颖，慧根极深，是一块值得雕琢的璞玉，堪当光大佛门的大任，所以倾其毕生所学，毫无保留地传授给了他。

道安在拜师后的第二年就担当起“复讲”的重任。“复讲”就是把老师讲过的佛教义理再进一步深入浅出、旁征博引地阐述一遍，让大家能够理解得更透彻、更明白。刚开始那些学子们以貌取人，都看不起他，故意拿一些刁钻古怪的问题来为难他，想让他当众出丑。可几个回合下来，那些自视甚高的学生招架不住，纷纷败下阵来，不得不从内心里佩服这位“漆道人”——长得黑黢黢的僧人，学问着实了得，令人刮目相看。

在后赵都城邺城的邺宫寺这座皇家寺院，道安跟随佛图澄潜心研习佛法达十余年之久，可谓勤学精进，博通三藏。然而，世事难料，348 年，世寿 117 岁的佛图澄去世，他那庞大的僧团顿时陷入群龙无首的境遇。不久，后赵帝国也宣告灭亡。北中国烽烟再起，群雄争霸，民不聊生。为了躲避无休止的战乱，大家纷纷化整为零，分头行动，逃离邺都这个政治漩涡，朝他们自认为最安全的地方而去。道安率领追随他的一众人等，沿太行山东麓和南麓东躲西藏，过了十余年飘忽不定、动荡不安的日子，最后不得不远走他乡，渡过黄河，南下中原，去相对和平安定的东晋地盘上去寻找安身立命之处。

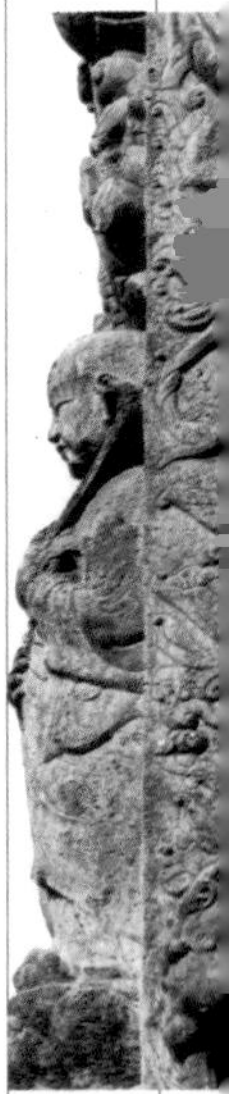

兴宁三年（365）四月五日，道安在率众南下逃难途中，收到了襄阳名士习凿齿的邀请函。习凿齿是东晋著名的史学家和文学家，襄阳本地的豪族。他才华横溢，刚正不阿，

誉满江南，名扬“四海”——他初见道安时自称“四海习凿齿”，就凭他那十分古怪的名字就让人感到此人卓尔不凡。

“凿齿”是《山海经》中所描述的上古时代的神话人物，传说他居住在水乡泽国的荆楚大地，长着像凿子一样的长牙，勇猛无比，后来被后羿追杀，两人曾大战于昆仑山下。据现代考古学证实，上古时代中国大地上分布着许多“凿齿族”，如东方的东夷人，长江中游的荆蛮人，以及东南一带的古越人，他们都有着“凿齿”——拔牙的习俗：在行成年礼时成对地拔除两侧的上门牙，说话时透风撒气，以此为美。就像后来的妇女缠足以追求“三寸金莲”一样，是今天的人们百思不得其解的一种变态的审美观。习凿齿既然深谙历史，能称得上“史学家”，所以起这么个标新立异的名字一点也不奇怪。

话题扯远了，让我们把思绪从5000多年前的新石器时代拉回到距今1650多年的东晋，拉回到诸葛亮曾经躬耕过的南阳。在这里，道安欣喜地拜读了习凿齿那封热情洋溢的来信，这封信完整地保留在南梁僧祐编纂的《弘明集》一书中。习凿齿在信中高度赞扬了道安法师生逢乱世，应劫而来，为救拔群氓而不畏艰险、逆境求生的人格魅力，把他比喻为泽被大地、润泽苍生的“弥天之云”，这才有了后来二人初次见面时那别开生面的自我介绍：“四海习凿齿”“弥天释道安”。

习凿齿在信中还提到：“月光将出，灵钵应降，法师任当洪范，化洽幽深。”这里所说的“灵钵”就是指佛陀涅槃前交代给大迦叶，让他日后传给弥勒的那件圣物石钵，也就是法显在狮子国听那里的僧人所描述的会从天竺辗转来到中国的那件佛钵（详见第二章第二节“衣钵传人”）。

佛经上说，佛陀还曾经预言，有一位月光童子将会降临华夏大地，担负起护持佛法的重任，而佛陀传法的信物——佛钵，也会从它的诞生地吠舍离不断迁徙，腾挪到中国。佛钵所到之处，自然就会成为佛教的中心。习凿齿信中所表达的，就是期望道安能担当起这个大任，继往开来，成为能让佛法在中土昌隆日盛的领军人物。

这封信还透露出一个信息：法显是411年在狮子国听到这个故事的，而习凿齿早在365年就深谙这个典故。虽然狮子国（今斯里兰卡）与中国襄阳远隔千山万水，但有关佛钵所承载的深层涵义早已得到了信奉佛教的不同国家的信众的普遍认同，尽管地域文化的语境差异很大，但佛钵所彰显出的神圣性毋庸置疑，否则习凿齿作为一名非佛教徒也不会这么娴熟地将这一典故信手拈来。可见，随着佛教传入中国，佛钵和月光童子的传说早已深入人心。

习凿齿盛情邀约道安一行共赴襄阳弘法，那里的父老乡亲早已“老幼等愿，道俗同怀”，大家都翘首企盼当时中国最富盛名的高僧的到来。盛情难却，可是由于僧团人数过于庞大，他不得不在南阳至襄阳的中途新野，这个曾经在157年前被孔明放火烧过的地方，首次分众，根据大家的意愿和志向，精简队伍，分头行动，像星星之火一样播散到不同的地方，待日后形成燎原之势。分众后，道安带领剩下的400多人继续向南风雨兼程，奔古老的襄阳城而去。

襄阳是长江中游的重镇，自古乃兵家必争之地。道安来时，这里还是一片祥和的景象。他在这里度过了一生中最安定、惬意的大好时光：他不必东躲西藏，可以专心地研读佛经，静下心来厘清那些多年来一直让他困惑不已的佛经中的难点疑点，给400多年来传入中国的众多佛经作注解和义疏，以便僧众们能够读懂和领会。为了给他的僧团谋划安身立命的长久之地，他还在襄阳城西门外九宫山（今真武山）下，亲自主持修建了檀溪寺。檀溪寺面对青青的檀溪水，也就是三国时刘备跃马檀溪的地方。远处是如黛的望楚山，峰峦秀丽，风景幽雅，是一处绝佳的修行福地。很快，这里就名播大江南北，成了东晋地盘上的佛教中心，就连北方的前秦皇帝苻坚都倾慕不已，专门派特使送来许多佛像，以表达他对法师的无比崇敬之情。

然而，好景不长，在襄阳落脚15年后，379年，即作为北方政权前秦妄图鲸吞东晋的前奏，苻坚派他的儿子苻丕攻克了襄阳城，把他心仪已久的道安和习凿齿双双俘获到了前秦的首都长安。道安被安置在长安五级寺，他在那里营建了中国佛教史上首个大型佛经译场，在他生命中最后的六年里仍不遗余力、呕心沥血，译出佛经14部、183卷，成为中国佛教史上高山仰止的大德。

来长安后的第四年，即382年的八月，道安专程前往邺城祭拜恩师佛图澄。自360年道安率众逃离邺都，已过去了23年，那时自己还不到50岁，如今已是70多岁的古稀老人，真是时光荏苒，如白驹过隙。23年当中经历了太多的颠沛流离，太多的辛酸苦辣，站在师傅的墓前，思绪

万千，他禁不住老泪纵横。

拜谒完了师傅，他与弟子们继续东行，前往泰山金舆谷参加老同学竺僧朗举办的法会。当年邺城一别，他与僧朗已经 30 多年没有见过面了。久闻僧朗在泰山创建了上下寺院多所，道场办得风生水起，弘法声名誉满南北，令天下学人望风景从，各路帝王争相邀请。道安就是想亲眼看看这位师兄弟是如何遵照师傅的耳提面命，把佛教的种子撒向齐鲁大地，让它任运随缘，佛风弥扇，营造出一方名震华夏的佛门净土。

同来的法和也是僧朗的同门，他本来在蜀地弘法，听说道安被苻坚掳至关中，便也追随他到了长安，在道安的译场里帮忙。三位师兄弟历经无数劫波后再次相见，不免悲喜交加，感慨万分。

法会之余，僧朗陪同道安与法和在寺院附近登高望远，当他们登上一处高峰时，极目远眺，峰岩秀丽，云海飘渺。落日余晖之下，大地光彩熠熠。面对此情此景，法和不禁感慨万千。他对道安法师说：“曾有多少人来此游历过啊，可一旦死去，就连自己轮回的去处都不知道在哪里！”道安见法和如此伤感，便宽慰他说：“只要一心向佛，精进修行，下一辈定会往生到佛国净土，你何必为下一世而担心呢？怕就怕不能萌生求法的慧心，那才是最可悲的事啊！”从道安法师的这一席话可以品味出，他的言外之意就是：只有通过不懈努力修持戒和定，才能获得般若智慧，没有这种智慧，就无法破除个人的无明和烦恼，获得身心的真正解脱。

后来，当道安法师圆寂后，法和仍坚守在长安，不辱使命，勇于担当，默默完成道安法师未竟的译经事业，并与鸠摩罗什结下了深厚的友谊，成为鸠摩罗什的知心朋友。鸠摩罗什来自异国他乡，如果按照他的成长轨迹发展下去，他定会成为像龙树菩萨那样的大乘佛教的理论思想家。可命运捉弄人，他相继被前秦和后秦抢来抢去，被迫羁留在汉地译经，不情愿地变成一个单纯的佛经翻译家。加之后秦皇帝姚兴又强迫他破了戒，其内心的痛苦和无奈无法向外人倾诉，只好在写给挚友法和的一首诗中发泄出来："心山育明德，流熏万由延。哀鸾孤桐上，清音彻九天。"这是鸠摩罗什存世的唯一一首诗，在这首诗里，鸠摩罗什用栖息在孤桐树上哀伤的鸾鸟比作自己，表述了他虽在汉地译场一鸣惊人，可又有谁真正能听懂他的心声、了解他的苦衷呢！

欢聚是短暂的，离别是永远绕不过的话题。师兄弟们依依不舍，挥手告别。谁知下次再见，更待何时？而道安一转身，又将掉进下一个深渊：即将发生的淝水之战所带来的又一场劫难正等待着他。

第五章 六帝争请

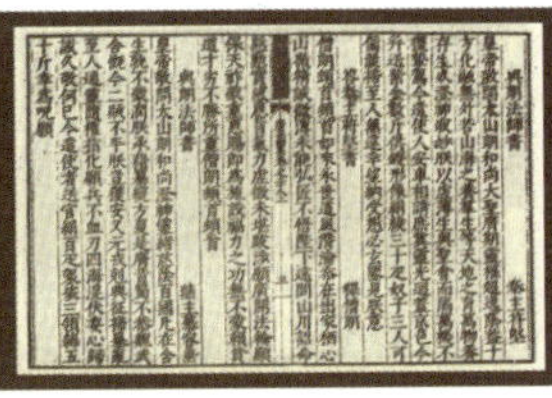

随着朗公寺的名声日渐鹊起，朗公也就成为当时各路帝王争相邀请的对象。帝王们纷纷仿效后赵的石勒与石虎奉佛图澄为大和尚的先例，到处搜罗负有盛名的高僧大德来充当他们的国师，以护佑他们的政权能够长治久安。

朗公所处的那个时代是一个战乱频仍、烽烟四起的大分裂时代。中国历史上曾经有过三次大分裂时代，分别是在春秋战国、魏晋南北朝、五代十国这三个历史时期。其中魏晋南北朝的大分裂长达360余年，有30余个大小王朝交替兴灭，人民遭受的苦难最为深重。尤其是历时136年的五胡十六国时期，匈奴、羯族、氐族、羌族、鲜卑族等少数民族先后入侵中原，攻城略地，占山为王，百姓惨遭涂炭，大地哀鸿遍野。柏杨在《中国人史纲》中曾这样描述当时世道的凄惨景象：“一百三十六年当中，几乎一支军队就建立一个帝国，蓦然间一批人集结在一起，马上组织政府，封官拜爵，发表文告，自称圣君贤相。还没有等到人民弄清楚是怎么回事，它已烟消云散，只留下无数尸体和无数哭泣的孤儿寡妇。”这就是那个时代的真实写照。

很不幸，朗公就生逢五胡十六国这个乱世，说他应劫而来绝不为过。

给朗公写信，力邀他出山辅佐帝业的的这六位帝王分别是：前秦天王（皇帝）苻坚、东晋皇帝司马曜、后燕皇帝慕容垂、北魏皇帝拓跋珪、后秦皇帝姚兴、南燕皇帝慕容德。收到这些信后朗公都予以婉言谢绝。这六封皇帝的来信以及朗公的复信（给北魏皇帝拓跋珪和后秦皇帝姚兴的复信阙如），均收录在唐代高僧、曾与玄奘一起译经的释道宣所著的《广弘明集》中。

为方便读者阅读这些极其珍贵的历史文献，作者不揣浅陋，尝试将其译成现代的白话文。关于古典今译，余秋雨先生曾经说过：“我相信，即便是屈原、陶渊明、苏东坡的在天之灵，也不愿意看到后人拿着他们的文章去一个字、一个字查字典的情景，而是更乐于听到异代人用自己的审美愉悦来与他们对晤，代他们放声。”那就让我们走进历史，贴近古人，去欣赏 1600 多年前的“鸿雁传书”吧。

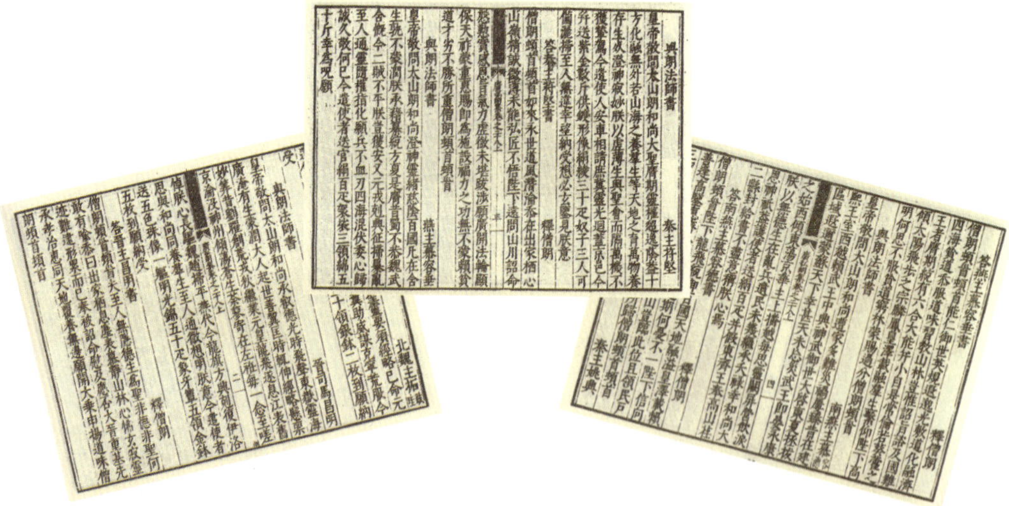

保存在《广弘明集》中的六位帝王与竺僧朗的书信往来

一、前秦天王苻坚与竺僧朗的书信往来

第一封信　前秦天王（皇帝）苻坚致竺僧朗的信

寄出地址：前秦首都长安（今西安）

寄出时间：约公元 377 年

皇帝向泰山僧朗法师致敬问候！大师您应运而生，道行高远。造福人间，广结善缘。您的功德就如同高山大海那样承载生灵，像皇天后土那样涵养万物。护佑众生，启发心智。

皇帝我不才，但所幸今生能遇到您这样的高僧大德。本该用辇车来接您，但由于路程太远，只好委屈您坐安车进京。殷切希望您能早日大驾光临，让京城生辉！

顺便让使臣随车带来紫金数斤，以供您恭镀佛像之用；绢绫三十匹，另外还有三位小沙弥，来为您洒扫门庭。

大师您务必收下我的礼赠，想必您能领悟我的一片苦心！

竺僧朗给前秦天王苻坚的复信

僧朗向天王叩首致谢！

佛法无边，佛风日盛。贫僧只不过是一个出家之人，性喜山栖野居，修行还差得很远，尚未达到您所期许的境界。没成想皇帝您这么大老远的专门派人来看望我，且情深意笃，贫僧深为感动。

遗憾的是，如今我自感气力不支，难以承受长途跋涉的舟车劳顿。请让我在这山里继续弘扬佛法，庇佑您国泰

民安。

承蒙陛下的恩赐，贫僧即刻广开道场，弘法度众，所得福报，全赖您的皇恩浩荡！

贫僧在下，不胜感激之至，叩首致谢！

苻 坚

苻坚是前秦王朝的第四任君主，他在任时自称“天王”，而不称皇帝。

苻坚是氐族人，氐族是一个古老的民族，自殷商时期就活跃在中国的西北地区。《诗经·商颂》中就记载：“昔有成汤，自彼氐羌，莫敢不来享，莫敢不来王。”在中国古代，氐族与羌族同属于“西戎”中的两大部落。

苻坚一族祖居略阳临渭，即今甘肃天水市秦安县。那里有一处距今8000年的新石器时代文化遗址——大地湾遗址，出土有中国最早的彩陶。

氐族人在西晋末年“五胡乱华”时，先是依附于匈奴刘渊建立的前赵政权，举族内迁至长安附近。前赵灭亡后，又归顺羯族人石勒建立的后赵，继续深入内陆，东迁至枋头（今河南浚县西南），在此居住十八年之久。后赵灭亡后，苻坚的伯父苻健又率领族人回师长安，于351年建立前秦帝国。351年是个重要的历史节点，因为同样也是在这一年，朗公开始创建神通寺。

前秦寿光三年（357）六月，时年不足20岁的苻坚发动宫廷政变，杀死了凶蛮残忍的在位皇帝、他的堂兄苻生，夺取了皇位。

苻坚是一个汉文化底蕴非常深厚的少数民族领袖。他从小就聪明过人，8 岁就要求爷爷为他请家庭教师教他读书识字，这在当时只会“弯弓射大雕”的马上民族中是十分罕见的，这就为他日后的统一大业取得巨大成功奠定了雄厚的汉文化理论基础。

他在位 28 年，前 25 年可谓“英明盖世”，经过他的不懈奋斗、浴血打拼，他的帝国成为十六国时期唯一一个统一了北方的政权，这让灾难深重的各族人民获得了短暂的喘息之机，享受了 20 多年珍贵的和平时光。他的政绩在某些方面甚至不比当时汉族的一些帝王逊色多少，他使前秦一跃成为当时中国大地上唯一能与东晋抗衡的大国。

当他最后企图终结东晋王朝的腐朽统治、实现天下一统的春秋大梦时，命运的天平竟意想不到地倒向了东晋：他在淝水之战的临门一脚虽然胜券在握，却鬼使神差地输得一塌糊涂，血本无归。一生的心血付诸东流，一世的英名轰然崩塌，令人唏嘘不已。

苻坚把前秦帝国打造成当时中国境内经济文化恢复发展最迅速、政治较清明、行政效率最高、最富有生气的政权的诀窍是什么呢？除了天资聪颖、文化底蕴深、具备雄才大略之外，他的制胜法宝离不开贤明的宰相王猛的大力辅佐。

王猛，字景略，北海郡剧县（今山东昌乐）人。少时家境贫寒，曾以贩卖簸箕为生。有一年他在洛阳卖簸箕，有人愿意出高价买他的簸箕，但说没带钱，家离这里不远，让王猛跟他去拿。王猛觉得这个机会实在难得，就跟着他

去了。不知不觉走进了深山。在山里他见到了一位须发皆白的老人，王猛突然意识到遇到高人了，上前就拜，老人却说：王公何须拜呢！然后就以十倍的价钱买下了他的簸箕。还专门派人送他出山。王猛出来后回头一看，原来是中岳嵩山！那老人肯定是位仙人了。

这则故事记载在《晋书》里，显然带有虚构的成分，大概是后人觉得王猛卓而不凡，文韬武略样样都行，绝非是靠自己刻苦学习所获得的，定是像张良遇到黄石公那样得到了高人的指点，尤其史书上说王猛十分博学，酷爱兵书，或许这些兵书就是那位老者传授给他的。[①]打这以后，他就隐居到西岳华山之中，专心研读兵书，等待时机以施展自己的政治抱负。

东晋伐前秦时，王猛觉得时机来临，就去参见东晋的大将军桓温。据说他一边抓身上的虱子一边纵论天下大势，桓温听得入了迷，竟然没嫌弃他，还封他为高官“督护”，极力邀请他入仕东晋，为汉族政权效劳。可经过这番长谈王猛清楚地意识到桓温既无多谋也不善断，志大才疏，徒有虚名，不是可以委身之人。再说自己一介布衣，出身卑微，在特别重视门第观念，“上品无寒门，下品无世族”的东晋，是无法施展出自己的宏大抱负的。所以就婉言谢绝了他。后来苻坚听说了他的大名，力邀他出山辅佐前秦。王猛审时度势，加入了苻坚的阵营。二人一见如故，相见恨晚，大有当年刘备遇孔明之感。很快王猛就大显身手，他既有文韬，又有武略，在36岁那年一连升了五次官，官至丞相、尚书令、中书监、太子太傅、司隶校尉、持节、常侍、将军，后又

①参见周思源：《风云南北朝之苻坚》，清华大学出版社2015年版，第11页。

加都督中外诸军事，成为苻坚之下权倾天下的人。苻坚如此信任王猛，王猛倒也不负众望，他整肃吏治，翦除豪强，发展经济，改善民生，使前秦迅速崛起，这其中的功劳有一大半都要归之于王猛。他统兵征讨，攻必克，战必胜，先后率军攻打东晋的荆州，平定苻柳叛乱。尤其是他在 370 年亲自挂帅，带兵攻克邺城，灭掉了北方的大国前燕，荡平了华北平原上的所有障碍。翌年又挥戈西向，打败了前凉国。如此以来就基本上统一了北中国，结束了西晋灭亡后半个多世纪的社会动荡不安，比北魏统一北方要早 50 余年。在他和苻坚的共同努力下，使前秦帝国的版图日益扩大，国运最盛时其疆界东起朝鲜，西抵葱岭，南并巴蜀，北逾阴山。国土面积 358 万平方公里，人口 2000 万，俨然一个令东晋政权胆战心惊的超级大国。

在当时的前秦境内，“自长安至于诸州，皆夹路树槐柳，二十里亭，四十里驿，旅行者取给于途，工商贸贩于道”。呈现出东汉后期以来少有的兴旺发达景象。百姓们安居乐业，尽情享受着这难得的和平时光。当时流传的关陇民谣欢快地唱道：“长安大街，夹树杨槐。下走朱轮，上有鸾栖。英彦云集，诲我萌黎。”

然而，天妒英才，眼看苻坚的统一大业即将收官，57 岁的王猛却在这关键时刻因病去世。国失栋梁，前秦帝国这艘巨轮突然失去了舵手，逐渐迷失了前进的方向，最后只落得触礁沉没的悲惨下场。

柏杨先生曾这样评价苻坚与王猛：“苻坚是五胡十六国最英明的君主之一，前秦帝国在他的治理下走上正轨。

他任用一位汉族平民出身的王猛当宰相，是他最大的成功。自从盘古开天地，到19世纪为止，中国伟大的政治家，可怜兮兮的只有六位：管仲、商鞅、诸葛亮、王猛、王安石、张居正。王猛是其中之一。他们对国家的贡献是：特权阶级受到抑制，贪污腐化减少，行政效率提高，社会由紊乱而有秩序，国家由弱而强。”

王猛之死对苻坚的打击很大，他深感失去国之栋梁后的空虚与无奈，因此努力设法采取其他措施来弥补由于失去王猛所带来的巨大损失。他除了继续奉行王猛生前所制定的“独尊儒术”的基本国策外，还加以变通，广泛罗致儒释道各路人才为己所用，这才有了在这封信中他以安车礼请朗公的过往。

“安车”是古时候与战车相区别，可以载人，主要用于日常生活中代步的马车。上有顶棚，四周有围挡，能遮风挡雨，乘坐舒适。通常用一或两匹马牵引。1980年，陕西临潼秦始皇陵出土的二号铜车马即是安车的仿真模型，只不过它是用四匹马拉的高等级安车。安车专供高级别政府官员或皇后、贵妇乘用。而在皇帝征召有名望的人时往往也赐乘安车，其规格相当于今天的专车。

古时候的车轮都是木制的，行走起来阻力很大，颠簸不适。为了减震，有时候会在车轮上缠上蒲草，这样一来车子行驶起来就会平稳得多。这样的座驾就称为“安车蒲轮”，一般在迎接贵宾时才会使用。

就现有的史料来看，自375年王猛去世至383年淝水之战前夕的八年间，苻坚曾四次动用安车去礼请他心目中的德高望重之人。他们分别是：乐陵（今山东乐陵）大儒王欢、前凉（甘肃武威）隐士郭瑀、泰山道士张忠、泰山高僧竺僧朗。这些配享皇帝以安车相请的，都是什么样的高人呢?

1. 王欢

乐陵人王欢，安贫乐道，专精好学，尤善《诗经》，是名闻关东的通儒。在前燕帝国统治他的家乡乐陵时，他被前燕皇帝慕容暐召入宫中，担任国子祭酒，即国立大学的校长。前燕被前秦灭国后，他赋闲在家，又被求贤若渴的苻坚看中，遂以“安车蒲轮”把他请到长安，让他重操旧业，担任前秦的国子祭酒。此刻正值王猛病笃之时，看来苻坚心中有数，未雨绸缪，早作打算。

王欢年轻时甘于清贫，是个典型的书痴，经常一边乞讨，一边背诵《诗经》，常受到路人的耻笑。可他却蛮不在乎，整天过得乐呵呵的，丝毫没有不如意的感觉。可是他的老婆却对他的行为非常厌恶，要么烧他的书，要么拿改嫁来吓唬他。对此王欢一点也不生气，反而揶揄他老婆说：“将来你可不要像朱买臣的老婆那样后悔哟！”

朱买臣是汉武帝的大臣，位列九卿，是名副其实的朝廷高官。他未入仕时乃一介布衣，靠卖柴为生。但他“穷且益坚，不坠青云之志”，像王欢那样勤奋好学，常常边干活边背诵诗文，常遭外人讥讽。其妻嫌弃他是个书呆子，提出与其分手。临走时朱买臣对他妻子说：“你别看我到如今四十来岁还是一个穷鬼，可再过几年我定会有出头之日，到时候你可别后悔啊！”果不其然，没过几年朱买臣

受到了汉武帝的赏识，被封为中大夫，后又出任会稽太守。有一天偶遇他的前妻正在服劳役，遂命人把她接进官邸养了起来，可他的前妻因懊悔不已，心情郁闷而寻了短见。王欢借朱买臣说事给老婆听，言外之意就是你别看我现在不济，可凭我的才华，不信不会时来运转的，那时你可别后悔。后来王欢的人生轨迹等于朱买臣故事的翻版，苻坚不但请他担任国子祭酒，还聘他担任儿子的家庭教师——太子少傅。

2. 郭瑀

郭瑀是敦煌人，曾拜隐居于张掖东山的著名经学家郭荷为师。郭瑀精通儒家经典，博学多闻，能言善辩，多才多艺。当时前凉王张天锡以安车蒲轮请他出山辅佐帝业，他为此逃进了深山。376年，苻坚灭掉了前凉国，也以安车礼请郭瑀，但他以父亲去世需守孝为借口拒绝了苻坚。苻坚一看请不动，就反守为攻，让占领当地的行政长官、太守辛章选派300名儒生到郭瑀的隐居处——“临松韭谷”（酒泉南山赤崖阁）跟师学徒。苻坚淝水战败后，天下大乱。前凉国本就是十六国时期少有的汉族人当政的割据政权，民族意识比较强烈，骨子里就看不起戎狄之人，于是各路豪强纷纷倒戈，占山为王。此时隐居在深山里的郭瑀也受邀加入了讨伐前秦的队伍，被委以军师将军的重任。但由于头领们不听他的劝告，自相残杀，郭瑀大为失望，愤然离去，气得七天七夜不吃不喝，最后抑郁而终。

3. 张忠

张忠是中山（今河北定州）人，著名的道士，西晋末年为躲避战乱隐居于泰山之阴。他在山中修炼了几十年，道法自然，独辟绝门，是一位传奇式的人物。有关他的事迹在第七章中还会详加介绍。

苻坚听说了张忠的大名，于377年左右专门派安车来泰山礼请张忠。那时中国北方的广大地盘大都被苻坚统一，各地通衢，畅行无阻，苻坚才有可能派人跑这么大老远来山东挖人。

张忠来到京城长安，受到苻坚的盛情款待。苻坚赐给他一顶官帽、一身官服让他穿戴，张忠婉拒道：“我乃山野之人，且年老发落，粗鄙不堪，穿不惯蟒袍玉带，还是请您开恩，允许我穿自己的便服拜见天王吧！”苻坚答应了他的请求，对他说：“先生您潜修山林多年，道行精深，但独善其身有余，为国效力不足。我这次请您远道而来，就是想让您的才华充分施展出来，为我早日实现统一天下的宏愿助一臂之力。为此特授予您‘尚父’的头衔，以期辅佐帝业，一展宏图。”

“尚父”是一种尊称，意指德高望重的长辈。在中国历史上特指周朝的开国功臣姜子牙，他在80岁高龄才遇到了明君周文王，被尊为“太师”，后又辅佐周武王一举灭商，建立了周朝，因功勋卓著被周武王尊为“尚父”。苻坚把张忠比作姜子牙，可见张忠在他的心目中的地位之高，也从一个侧面反映出苻坚求贤若渴的良苦用心，以及期盼张忠能像王猛那样辅佐他战无不胜、再创辉煌，早日饮马长江的殷切期望。

然而张忠令他失望了。张忠真的是被“吓”着了，他

对苻坚说：“为了躲避战乱我才隐居泰山，常年与鸟兽为伍，只求保全性命。如今天下太平，如尧舜再世，按理说入朝辅政是我义不容辞的义务。只可惜我年纪太大，心有余而力不足，难以担当‘尚父’的重任，实在让您失望了。几十年来我在山里住惯了，和那里的岩石草木有难以割舍的感情。还请圣上开恩，让老叟回去吧，泰山才是我的归宿。”

苻坚没有难为他。他看到张忠如此执著地不肯做他的“尚父”，再说他看到张忠也确实太老了，已经百岁左右，的确难以堪当大任。最重要的是张忠平日里练的那些道家功夫崇尚自然，缺少神通，当地百姓每每询问他水旱天灾之事他都推说不知，与苻坚心中所期望的那种能呼风唤雨、撒豆成兵、法力无边的形象相去甚远，对教化臣民、驾驭百姓无所裨益，就开恩放他走了。

苻坚倒也不错，还是用安车把老人送回山东。但张忠这位百岁老人承受不了这么频繁的长途舟车劳顿，归途中终于病倒在华山脚下。老人家弥留之际叹息道：“我乃东岳泰山的道人，没成想却将这把老骨头撒落在西岳华山，命运真是捉弄人阿！”又东行五十里，刚到函谷关便溘然长逝。

苻坚闻报老先生仙逝，命人以国家最高礼遇——“太牢”，即牛羊猪三牲俱全来隆重祭奠他，并允许他穿戴那套他生前一直不肯穿的官服入殓，还非常庄重地封谥他为“安道先生”。老先生生前一直生活在深山里，用他自己的话来说就是“情存岩岫”，平日里夏天他只披着用藤、葛枝条编织的“带索”来遮体，冬天则穿着用粗麻乱絮做成的“缊袍”来御寒。死后却被硬生生地套上了官服，虽说是“皇恩浩荡”、恩宠有加，表面上看很体面、很风光，但对于一位毕生追求“恬静寡欲，清虚服气”的道人来说不啻于一种莫大的讽刺。

4. 竺僧朗

郭瑀请不来，张忠来了又走了，可人才引进计划不能落空。下一个目标是谁呢？或许是由于张忠的推荐，更大的可能是他声名远扬——竺僧朗的大名此刻传到了苻坚的耳中，求贤若渴的他同样用安车远赴泰山去请竺僧朗。

随车送来不菲的礼物：紫金数斤，供竺僧朗用来给佛像镀金；绢绫30匹。还有三位小童子，让他们来伺奉朗公，“可备洒扫”。一看来了这三位天真可爱的小朋友我们就明白：苻坚凭自己与张忠打交道的经验，他压根儿就没指望能请得动朗公，倒不如送给他三个小沙弥伺候好他，遇到军国大事来泰山咨询他也不失为良策。

苻坚特意让使者捎来一封亲笔信。在信中他以十分崇敬的口吻亲切问候朗公，然后盛赞了他一番：恭维他“灵权超逸，荫盖十方，化融天外”。意思是说朗公虽然不参政议政，但却享有“神权”，掌控着神灵世界。还赞美他“若山海之养群生，等天地之育万物”。把朗公的能耐抬高到了无以复加的地步。“养存生死，澄神寂妙。”这才是苻坚真正看中的法宝：神机妙算。苻坚梦寐以求的就是这个。“今遣使人安车相请，庶冀灵光，回盖京邑。”我派专车接您来啦，希望您能赏光，来我这里，让京城生辉！从这封信中我们不难看出，苻坚作为一个当时的最高统治者，他对朗公真可谓情深意切。

朗公来了吗？他肯定不会来。他当初为了躲避世事的纷扰才躲进山中，为了续佛慧命才披荆斩棘，创建了朗公寺。他心中的目标甚为广大，他擘画的“上下诸院十有余所”的宏伟寺院蓝图还未完全实现。尤其是他目睹家乡长安在连年的兵燹中几经废圮，使他对乱华的“五胡”不抱任何幻想。

在复信中，朗公表明自己“栖心山岭”的志向，接着笔锋一转，谦称自己“精诚微薄，未能弘匠”，说自己盛名之下，其实难副，并没有什么了不起的本事能让您看中，且自己“气力虚微，未堪跋涉”，身体欠佳，承受不了长途颠簸的劳顿，这和张忠谢绝入朝为官的托辞几乎一样，言外之意就是我不想当张忠第二。可面对皇帝的盛情邀约，如何才能让苻坚不至于太过失望呢？“愿广开法轮，显保天祚。”我在这里弘扬无上佛法，保您国泰民安，福祚绵长。“蒙垂惠赐，即为施舍。”把您的施舍立刻付诸实施，广作法事，“福力之功，无不蒙赖”，做法事获得的所有福报都归功于您。

虽然苻坚没能请得动朗公，但据《高僧传》记载，从此之后他每个月都会与朗公书信往来，咨询国策，畅叙友情。尤其在前秦整饬清理佛寺僧人时，苻坚特别叮嘱“朗法师持戒精严，他的弟子们也都勤学精进，所以朗公寺就不用查了”。由此可以看出苻坚对朗公充满了崇敬和信任，凸显出朗公这位高僧大德在大秦天王心目中占有极其重要的地位。

苻坚小名“坚头”，是说他从小就脑袋硬，不怕撞，

不服输，性格倔强，撞了南墙也不回头。王猛在世时，他对王猛是百般信任，言听计从，严格遵从王猛所制定的基本国策：独尊儒术，废止老庄，严禁图谶、方术等旁门左道。为此还杀了进献图谶的太史令王雕和私下研读图谶的尚书郎王佩，以儆效尤。而当王猛去世后，一开始苻坚还自觉不自觉地遵循王猛的治国方略，只是引进了儒学大师王欢，礼请了经学大师郭瑀。可后来由于摆脱了众人的约束，加之他自幼博览群书，骨子里对道家、佛家和各类方术本来就有一种亲和力，以及受当时许多统治者都以拥有“国师”为荣的风气的影响，让他禁锢在内心里多年的欲望终于得以实现，这才有了安车请张忠和朗公的重头大戏。后来他还为被他杀掉的太史令王雕恢复名誉，追赠王雕为光禄大夫。他晚年对图谶更是痴迷不悟，为此葬送了国家，也葬送了自己。

377 年，他听说佛图澄的高足、竺僧朗的同学道安逃难到了襄阳，并在那里新建了一所寺院檀溪寺，就又打起了道安的主意。他对臣僚们说：“道安法师是一件神器，我一定要把他弄到手，让他来辅佐我的帝业！”于是他先礼后兵，专门派人给道安送来了外国进贡的、高七尺的金箔释迦牟尼佛倚像，还有金坐像、结珠弥勒像、金缕绣像等，其中结珠弥勒像真是送到了道安的心坎里——道安是弥勒菩萨的忠实信徒。每当举行法会的时候，道安都会将这些精美的佛像陈列出来，供大家瞻仰。除了表示感谢之外，道安丝毫没有归顺的意图。人不来，怎么办？那就抢呗！两年后，苻坚派他的儿子苻丕攻占了襄阳，把道安和习凿

齿抢到了长安。事后苻坚曾对臣下不无骄傲地说：“我以十万大军攻取襄阳，就是为了得到这一个半人。”“一人”是指道安，“半人”是指习凿齿，因他一条腿有残疾，故苻坚戏称他为“半个人”。

“得陇望蜀”，人的欲望是无穷的，得到道安之后，苻坚又打听到西域龟兹有位高僧，名叫鸠摩罗什，本事大得不得了，他又动了心，派大将吕光率七万大军远征西域，用一年的时间进抵龟兹城下，又用九个月的时间征服了龟兹及其附属的三十六国，顺利俘获高僧鸠摩罗什，将其带回中原。只可惜，苻坚看不到这一天了。

二、东晋皇帝司马曜与竺僧朗的书信往来

第二封信　东晋皇帝司马曜致竺僧朗的信

寄出地址：东晋首都建康　（今南京）

寄出时间：384 年

皇帝向泰山朗和尚致敬问候！

和尚您睿智聪慧，德高望重，享誉泰山南北，广敷教化，僧众受益无穷。圣明之人来世，定会匡扶社稷，献计献策，运筹擘画。

忆往昔，先是刘曜作乱，外族入侵，先皇被掳，朝廷被迫偏安江南。京城沦陷，国土沦丧，百姓惨遭异族蹂躏，身陷水深火热之中。每当想到这里，我都痛心疾首。驱除外虏，收复失地是我梦寐以求的心愿。如今北伐旗开得胜，大军所向披靡，已光复旧京洛阳。

在这欢庆胜利的时刻，我殷切盼望大师您能出山辅佐

帝业，共同为百姓的福祉、为江山一统而做一番轰轰烈烈的事业。您是圣明之人，不用我多说，我的心思您懂的。

今特派使者，送来五色珠像一尊，明光锦五十匹，象牙箪五领，金钵五枚，请您务必收下。

竺僧朗给东晋皇帝司马曜的复信

竺僧朗向皇上叩首致谢！

圣明之人难以掩饰自己的真实面目，德才兼备方为圣贤。贫僧才疏学浅，实在承受不起您对我的赞誉。我只不过是一位普普通通的出家之人，早已置身世外，唯有静慕山林，潜心修行，并没有什么“神通”，世上所传只不过徒有虚名而已。

承蒙陛下垂青，邀约出山辅政，我想说的是，有晋一朝根基厚重，以孝治国，普惠众生，功德无量。我愿弘扬大乘精神，为您求得福报，祝国运长久！

僧朗叩头致谢！

司马曜

司马曜是东晋第九任皇帝，在位 24 年。在他的任期内最出彩的事就是他幸运地成为“淝水之战”的赢家。这场战争给中国成语库中平添了诸如“投鞭断流”“草木皆兵”“风声鹤唳”等鲜活的词汇，它就发生在朗公所生活的那个时代，与写这封信的主人公息息相关，是个如何也绕不过去的话题。

淝水之战发生在 383 年的十一月，主战场位于今安徽

省寿县东南方的淝河岸边。当年如果不是命运之神眷顾了东晋的话，苻坚的铁蹄两三天之内即可兵临东晋首都建康城下——这里距今日南京直线距离仅有180公里，苻坚就会先于忽必烈成为历史上第一个统治全中国的外族领袖。

“是非成败转头空。”当苻坚那97万大军滚滚东来之时，仅有8万之众的东晋守军虽然势单力薄，只有以卵击石的架势，但他们并没有被对方的气势汹汹所吓倒，保家卫国的坚强信念促使他们以一当十，众志成城，欲与敌人决一死战。苻坚这边则踌躇满志，志在必得。他以97万大军对付东晋的8万人，把对方碾压成粉齑毫无悬念，用他自己的话来说，这等空前规模的大兵团作战，即使每个人把手中的马鞭扔到江中，就能让长江断流，这也就是成语“投鞭断流”的由来。出征之前苻坚就已拟好了委任状：战后任命东晋皇帝司马曜为尚书左仆射；宰相谢安为吏部尚书，并在长安给他们建好了府邸，只等尘埃落定后安排他们前

出自“淝水之战”的成语

来入住。在苻坚的眼中东晋就像一栋摇摇欲坠的破房子，只要朝它的门框上猛踹一脚它就会轰然倒塌。可惜结局并没有想象的那么美好，竟出乎人们意料地发生了戏剧性的反转。后人分析苻坚虽胜券在握但却输得血本无归的原因不外乎以下几点：

1. 战争发起的时机不成熟

八年前，被苻坚视为孔明再世的王猛临终时千嘱咐、万叮咛，不让他贸然伐晋，其主要原因借用朗公复信中的话来说就是“大晋重基”，也就是说东晋的基业非常雄厚，加上西晋，司马氏家族已苦心经营了上百年，不是轻易就能撼动的。虽然两国国君的个人素质相比苻坚肯定甩司马曜好几条街，可东晋还有德高望重的宰相谢安撑持着局面。当时有副对联这样写道：“关中良相唯王猛；天下苍生望谢安。”说明这一南一北两位宰相在人们的心目中的地位旗鼓相当。谢安当政的东晋，将相同心，政局稳定，经济繁荣，民康物阜，丝毫没有衰败不堪的迹象，不具备让苻坚“取乱侮亡”的灭敌国条件。

但大一统的梦想在苻坚心里始终挥之不去，王猛死后他更是迫不及待。加之连年征战几乎战无不胜，攻无不克，苻坚早已被胜利冲昏了头脑，他自恃“强兵百万，资仗如山”，手里攥着超过东晋两倍以上的人口、十倍以上的兵力这些“硬核”，令他踌躇满志，欲罢不能。

他的亲弟弟苻融不同意他的主张，老婆和儿子也极力反对他。除了别有用心的几个外族将领外，满朝文武大多数人都不同意他的战略决策。无奈之下他只好去求助他的

"神器"道安法师。道安被苻坚发兵从襄阳抢来后，一直被安置在长安的皇家寺院五级寺中，主要从事佛经的翻译和注疏。苻坚对道安说："告诉你一个好消息，很快我就会和你一起南游吴越，涉足会稽，以观沧海，这何乐而不为呢！"道安早就听闻朝野上下反对苻坚对东晋用兵的呼声很高，但苻坚一直固执己见，听不进任何反对的声音，所以也就不好犯颜直谏。他十分委婉地对苻坚说："陛下已拥有华夏最富庶的国土，没有必要再对东晋用兵，那里是水乡泽国，瘴气盛行，上古时代的舜帝和大禹巡视东南一带都有去无回，秦始皇去了一趟也不顺利，您又何必冒这个风险呢？"苻坚答道："我不是为了增加我的地盘和人口而要攻打东晋的，而是把这次行动当作是统一天下的一次巡狩，过去的明君圣主都是这么做的，难道我效法先贤有什么不对吗？"道安说："既然陛下主意已定，倒不如先移驾洛阳，宣示国威，以达不战而屈人之兵。如不奏效再动手也为时不晚。"该说的都说了，该劝的都劝了。可苻坚主意已定，任谁都劝不回来。他力排众议，一意孤行，把原本派几员战将和几十万军队就可以搞定的战争变成一场好大喜功的巡行仪式，信心满满地御驾亲征，义无反顾地挥鞭朝东南疾驰而去。

2. 战线太长，兵员太杂

如果他的 90 多万雄师像泰山压顶那样一起打过来，那建康城不被踏平才怪。可实际上当苻坚率部到达距淝河仅有 250 公里的今河南项城时，他的凉州兵团才走到千里之外的陕西咸阳。当大战触发时，前秦与东晋正面对峙，也就是后来发生大规模踩踏而溃败的军队只有 30 余万人，其余的 60 多万人只起到了壮大声威的作用。为了凑齐这些人数，战前一两个月苻坚还在全国征召壮丁，这些人根本就没有足够的时间接受军事训练就仓促上了战场，与乌合之众没什么两样。

开战前三年，苻坚就把他本族的 15 万户氐人从关内迁移到国土的四面八方，以守卫边陲，而留在他身边的竟有半数是被征服的鲜卑人和羌人。苻坚的本意是为了随时监视这些人以提防他们造反，但同时也埋下了巨大的隐患。这些人压根儿就没有国家认同感，迫于压力表面上装作是安分守己的前秦顺民，其实骨子里早就与苻坚离心离德，随时随地伺机复辟自己本民族的旧日江山。战前为了扩充兵员，老百姓每十个男人抽一人当兵，已令民众苦不堪言。这些由不同民族拼凑起来的“杂牌军”根本不愿为前秦卖命，只是为了应付公事而已，其组织纪律性和战斗力可想而知，所以才会在大难临头之际一哄而散，兵败如山倒。反观仅有 8 万人的东晋军队，数量上虽不占优势，但几乎个个都是精兵强将。其军中劲旅“北府兵”更是攻无不克，无坚不摧，威震敌胆。这是一支由北方家乡沦陷、不愿作亡国奴的逃难汉人组建起来的军队。他们有强烈的家国情怀，对外族入侵者怀有刻骨的仇恨，杀敌心切，士气高昂，在历次战役中勇猛顽强，骁勇善战，横扫千军如卷席，致使大战前夜苻坚在淝河岸边的城头上观敌瞭阵时遥望河对岸军容严整、士气高昂的东晋军，再加上八公山上那些令苻坚疑为“伏兵”的影影绰绰的草木影子，终于使他第一次露出了惧色，吃惊地对他弟弟苻融说：谁说对方人少呢？这不都是劲旅吗！

3. 用人不当，指挥失误

大战一触即发之际，苻坚最不该派降将朱序前去东晋的大营说和。朱序是原东晋襄阳的城防司令，三年前襄阳保卫战在孤立无援的境况下硬是顽强地坚守了十个月，让苻坚的儿子苻丕吃尽了苦头，差一点就要被老爹逼得杀身以成仁。襄阳失守后朱序作为俘虏和道安、习凿齿一起被押送至长安。苻坚为了向世人展现他一贯秉持的儒家“仁慈”的怀柔政策，非但没有治他的罪，反而起用他担任了相当于财政部长的度支部尚书。战前苻坚派他去东晋，是想让朱序现身说法，劝降对方，晓之以利害，诱之以利益，不动一刀一枪而结束战斗。可他高估了自己对儒家“仁义礼智信”学说的把持程度，低估了汉人骨子里深藏的强烈民族认同感，让朱序重演了一遍“身在曹营心在汉”的历史故事：他一过江就把前秦的作战计划和盘托出，点拨东晋的前线总司令谢石，务必要趁秦军还没到齐、脚跟还未站稳之机立刻发动突袭，打他个措手不及，否则等他各路兵马都汇齐了再打根本无招架之力，只会必败无疑，而且将会输得精光。朱序和谢石共同制定了破敌的缓兵之计：诡称两军隔河对峙没有施展拳脚的舞台，无法决一雌雄，请苻坚大军后退一步，让出一块儿地盘，好让双方的将士们各显能耐，比试比试看谁才是天下真正的豪杰英雄。苻坚不顾众人的反对，自作聪明地采纳了这个明眼人一看就是圈套的建议。他窃以为等对方的人马渡河一半时立即发起反击，定会把晋军杀个人仰马翻，片甲不留。然而人算不如天算，让他万万没有想到的是，在缺乏有效通讯联络的古代，“后退”的命令立刻就被弄不清前面究竟发生了什么事情的士兵领会成了“快跑”，再加上朱序趁机在乱军中大喊“秦军败了”！顷刻间一场超大规模的集体踩踏事件瞬间发生，秦军像多米诺骨牌那样不可遏制，尤其当前敌总指挥苻融被乱军踩死后，群龙无首，任谁也回天乏力了。东晋大军趁机掩杀了过来，冲锋变作绞杀，就连风声与鹤鸣都被慌不择路的军士们当成是追兵尾随而至。此刻天王苻坚也身中乱箭，只能忍痛带伤单骑冲出重围，落荒而逃。几个时辰之前还旌旗猎猎、不可一世的前秦兵团转眼间土崩瓦解，溃不成军。苻坚丰满的理想到此戛然而止，英雄末路就此铺就。

淝水大捷，东晋举国欢腾，数不清的战俘被押至京口氐父山（今江苏镇江金山），汉族人终于迎来了扬眉吐气的日子。宰相谢安及时地抓住前秦一败涂地的大好时机，即刻发动了东起淮泗、西迄荆襄绵延千余里间的战略大反击，收复了黄河以南的大片失地，甚至一度攻占旧都洛阳和后燕的邺城，“北伐”取得了辉煌的战果。

淝水之战的胜利不啻给东晋王朝服了一剂兴奋剂，让这个垂死的政权得以继续苟延残喘了 37 年。

在致朗公的这封信里，东晋皇帝司马曜声泪俱下地哭诉他的不幸家史：311 年，匈奴人刘曜围攻西晋首都洛阳，大肆屠杀西晋的王室成员及政府官员 3 万余人，俘获晋怀帝并霸占了皇后羊献容。因发生在西晋永嘉年间，史称“永嘉之乱”。316年，刘曜又攻入长安，俘虏了晋愍帝，西晋宣告灭亡。此后汉人政权逃亡于江南，偏安于东南一带，拉开了东晋的历史帷幕。司马曜在信中所提到的“昔刘曜创荒”就是指的这一历史事件。

信中还说“苍生荼蓼，寄在左衽”，“衽”指衣襟。由于生活习惯不同，古代汉族人的上衣前襟向右掩，而少数民族的衣襟大都向左掩，故“左衽”指戎狄之人，“寄在左衽”隐喻汉人遭受异族的统治。“永嘉之乱”以后，一波又一波的北方草原民族趁火打劫，纷纷入侵中原，蚕食西晋这块儿肥肉。先后有匈奴、羯族、羌族、氐族、鲜卑族等少数民族走马灯似地在北中国变幻出多达20多个割据政权，其中主要有16个小国家，前后历经130多年，史称“五胡十六国”。在这长达一个多世纪的大分裂时期，神州大地战乱频仍，狼烟四起。百姓惨遭涂炭，哀鸿遍野，民不聊生。正如司马曜在信中所说：“每一念至，嗟悼朕心。”

正因为祖宗八辈倒了这么大霉，受了这么多罪，所以淝水大捷让东晋的汉人终于出了一口恶气。司马曜也不无骄傲地向朗公炫耀北伐的辉煌战果——“克复伊洛”，光复了昔日帝国的首都洛阳，同时盛情邀请朗公出山辅佐他的帝业，要与朗公一起“同养群生”，携手联袂救黎民于水火之中。朗公很委婉地谢绝了司马曜的邀请，盛赞东晋帝国根基雄厚，而且是以孝治国，惠及天下，百姓福莫大焉，国运焉有不长治久安之理。朗公还吐露心声：我只是一位普通僧人，盛名之下其实难副。我并没有什么“神通”，也不精于神机妙算，不是您所期望的那种了不起的人物，我力所能及的，就是在泰山脚下广开道场，大力弘扬佛法，为皇帝您祈福，为国运长久加持，这就是我能为您所尽的绵薄之力了。

司马曜早年还能励精图治，有所作为，尤其他任用谢安当宰相，令朝政颇有新气象。但淝水大捷后东晋一下子没有了强敌的觊觎，胜利冲昏了司马曜的头脑，他以为从此可以高枕无忧地做他的快活皇帝，就昼夜觥筹交错，不理朝政。东晋太元二十一年（396）九月二十日，35 岁的皇帝酒后取笑自己的姬妾张贵人，扬言要修掉她，恼羞成怒的张贵人一时冲动，趁司马曜醉的不省人事用被子活活地闷死了他，成为历史上死得最窝囊的一位皇帝。

三、后燕皇帝慕容垂与竺僧朗的书信往来

第三封信　后燕皇帝慕容垂致竺僧朗的信

寄出地址：后燕首都中山（今河北定州）

寄出时间：392 年

后燕皇帝向泰山竺僧朗和尚致敬问候！

您内心澄明，道行精深，福佑天下，惠及苍生。朕继往开来，欲成就统一华夏的大业。想当年魏武王曹操因未能平定蜀汉而抱憾终生，如今我身边的翟魏和西燕两个敌国环伺，我又怎能高枕无忧呢！欣慰的是，大军已经开拔，剿灭二贼指日可待。

大师您法力无边，我愿借助您的神通，兵不血刃，荡平海内。我虔诚求助，礼敬有加。今派使者送来官绢一百匹，袈裟三领，锦五十斤，请您为我祈福！

竺僧朗给后燕皇帝慕容垂的复信

竺僧朗向皇帝叩首致谢！

英明的领袖治国有方，教化百姓，普惠天下。贫僧只不过是一个出家之人，早已习惯了世外的生活，难以胜任您垂询国事的重托。

王者应运而生，再造鸿图，兼并天下，这是大势所趋，就像葵花向阳、百鸟朝凤那样自然发生。皇恩浩荡，百姓受益，陛下英明，何虑天下不服？

贫僧志在山林，承蒙陛下赏赐厚爱，不胜感激之至！

慕容垂

慕容垂是鲜卑人，后燕的开国皇帝。

慕容垂是前燕皇帝慕容皝的第五子，自幼随父南征北战，足智多谋，文武双全。365 年拜征南大将军，打败了东晋大司马桓温的北伐，威名大振。但因功高盖主，反遭嫉恨，受到时任太傅的叔父慕容评和太后可足浑氏的联手迫害，被逼无奈逃出邺城，投奔了前秦。

慕容垂的投诚无异于给前秦送来了一份大礼。苻坚大喜过望，亲自到城门迎接，拉着他的手说：“你是难得的人才，老天爷派你来就是为了成全我统一天下的宏愿，到那时我要和你一起封禅泰山，告慰天下父老！”不久，苻坚就封慕容垂为冠军将军，后来又任命他为京兆尹（首都长安的市长），可见苻坚对慕容垂寄予厚望，宠爱有加。慕容垂也没有令苻坚失望，在苻坚统一北中国的历次战役中骁勇善战，立下了汗马功劳。

宰相王猛却不看好他，认为他投奔前秦只是万不得已的权宜之计，不可能真心效忠这个他以前的敌国，早晚会酿成后患，所以三番五次地变着法想除掉他，但由于苻坚的袒护一直没有得手。淝水之战前秦战败后，慕容垂看到苻坚英雄末路，大势已去，趁着大秦天王惊魂未定之际找了个借口叛秦而去，在前燕的故地收拾残部，招兵买马，建立了后燕，定都中山（今河北定州），自封皇帝，公开与前秦叫板。

称帝后不久，慕容垂随即亲自率兵南下，趁前秦刚刚战败无暇顾及之余，攻掠了长期处于各路豪强争夺的淮北地区，然后又马不停蹄，接连消灭了翟魏和西燕两个小国，最终拥有了原属于前秦的东方半壁江山，迅速成为北方的大国。在致朗公的信中，慕容垂所提到的“二贼不平，朕其获安”之“二贼”就是指的翟魏与西燕。

翟魏是十六国时期丁零人入侵中原后所建立的短命政权。祖居贝加尔湖附近的游牧民族敕勒人南迁入中原后被称为“丁零人”，一开始他们臣服于前秦，淝水之战后，树倒猢狲散，丁零人又起兵反秦。388 年，丁零人首领翟辽在黎阳（今河南浚县）自称大魏天王，建立魏国，史称“翟魏”。翟魏以黄河为屏障，游击于东晋、后燕、西燕三国之间，经常侵掠后燕的南部边境，惹恼了慕容垂，遂于 392 年兵分两路渡过黄河，灭掉了翟魏。

西燕是被苻坚灭国后掠去关内的鲜卑人复辟后建立的，首领是前燕末代皇帝慕容暐的胞弟慕容泓。他们趁火打劫，利用淝水战后的乱局，仿效其叔父慕容垂叛秦建后燕，也发起了“兴旧国，继绝世”的复国运动，建立了西燕。但一山难容二虎，燕国岂能有两个皇帝。再加上西燕与翟魏交好，曾经收留翟魏的亡国之君翟钊而结怨于后燕，故被慕容垂在灭掉翟魏的两年后把西燕从版图上抹掉。

慕容垂灭翟魏是在 392 年，那他致朗公的信大约就是在这“二贼未平”之前发出的。慕容垂自 369 年投奔前秦至淝水之战的 383 年，15 年间一直在苻坚身边效劳，他不可能不知道苻坚礼请朗公的往事。所以在他摇身一变也坐上皇帝的龙椅后，不忘仿效前主子的修为，想借朗公的神通达到“兵不血刃，四海混伏”，荡平二贼、扫平天下的宏图大业。可他心中有数，当年苻坚这位盖世英豪请不动的人物，自然他更请不动，只不过故作姿态，投石问路，请朗公为他多求福报罢了。

慕容垂晚年，因与其外甥、北魏开国皇帝拓跋珪争夺利益，反目成仇，派他花花大少型的儿子慕容宝率 9 万大军前去征讨，被拓跋珪打败，一半战死，一半投降，降卒全部被坑杀。为报此仇，第二年慕容垂御驾亲征，率领 20 万大军进攻北魏，当他走到参合陂（今内蒙古凉城岱海）亲眼目睹被坑杀的将士的累累白骨时，心中悲愤至极，气恼伤肝，口吐鲜血，一病不起，不久便撒手人寰，终年 71 岁。

两年后，他亲手缔造的后燕帝国就被他的外甥拓跋珪摧毁，他的儿子慕容宝逃回老家今辽宁朝阳，他的弟弟慕容德则败退到山东一带，建立了南燕，也与朗公产生了交集。

四、北魏皇帝拓跋珪致竺僧朗的信

第四封信　北魏皇帝拓跋珪致竺僧朗的信

寄出地址：北魏首都平城（今山西大同）

寄出时间：396—398 年间

皇帝向泰山朗和尚致敬问候！

虽说我仰仗上天的庇佑荣登皇位，但治国安邦的大政方针还须具体实施。我已命大军整装待发，征讨顽敌。

大师您德高望重，且能神机妙算，希望能借助您的法力，帮我征服那些负隅顽抗的敌人。

今派使者送来素锦二十端，白毡五十领，银钵二枚，请您收下。

拓跋珪

拓跋珪是北魏的开国皇帝。

北魏是鲜卑人中的一支——拓跋部落入侵中原后建立的少数民族政权。

鲜卑人在先秦时期属于“东胡”的一支，他们原本居住在大兴安岭的森林中，当地人称大兴安岭为“鲜卑山”，意为“神山”，故族以山名。

两汉之际，随着匈奴被汉武帝逐出漠北，向西逃窜后，蒙古草原上的真空地带很快就被鲜卑人填充，并分化出宇文部、慕容部、拓跋部等几大部族，占据了中国北方广袤的领土达250年之久，产生过代国、前燕、后燕、西燕、南燕等国。尤其是后来拓跋部所建立的北魏，立国150年之久，在将近一个世纪的历史时期内维持了中国北方的完全统一。就连汉族政权都承认其在历史上的正统性与合法性。它与偏安江南、相继出现的宋、齐、梁、陈四个汉族政权划江而治，有同等的话语权，是南北朝时期北朝的政权主体。

北魏的前身是被苻坚灭掉的代国。代国原本位于山西北部与内蒙古南部一带，早年虽然只是一个是由鲜卑拓跋人建立的较为强大的军事部落联盟，但却与中原的汉族长期友好相处，是西晋的战略合作伙伴之一。永嘉之乱时，首位代王拓跋猗卢帮助西晋反击匈奴人的前赵有功，被晋怀帝封为代公，赐代郡为封邑。代郡当时的郡治在今河北蔚县，拓跋人嫌它离家乡太远，后来又西迁至今山西代县一带，故被称为代国。由于它远离群雄争霸的中原地区，天高皇帝远，一直过着相安无事的日子。传到最后一任代王拓拔什翼犍，也就是拓跋珪的爷爷那一辈儿，赶上了前秦崛起。苻坚踌躇满志，一心想要统一全中国，故在376年借口代国攻击前秦的友邻，兴兵30万灭了代国。

苻坚灭代后，按照他一贯的做法，将王室成员押送至长安监视居住。末代代王拓拔什翼犍被送进太学学习儒家经典。苻坚一直遵循宰相王猛所制定的尊孔崇儒的大政方针，对兴办学校倾注了极大的热情。他下令中央及郡国设立各级学校，并且每个月三次亲临首都的太学检查监督。

有一次他视察太学时特意把拓拔什翼犍叫来查看他的学习情况。苻坚问他："你喜欢在这里学习吗？"什翼犍回答："我如果不喜欢学习，那您让我来太学干吗！"苻坚对他的回答很满意，语重心长地说："你们漠北的人虽然吃的都是牛羊肉，可是寿命却很短，中原人寿命普遍都长，靠的是读书识字来修身养性。"苻坚又问他："你们拓跋人有谁能领兵打仗，你推荐上来，我会安排他们为国效力的。"什翼犍不无讥讽地说："我们漠北的人就会追捕六畜，善于骑马奔跑，逐水草放牧，哪里有当将军的料！"其实什翼犍过谦了，他 10 岁时就被送到后赵充当人质，在那里度过了九个年头。后赵虽是羯族人当政，但位居中原，汉化程度较高。他在后赵耳濡目染，受汉文化的影响，学得不少中原的典章制度和治国理念，这为他回国继位后长达三十八年（代国的历史总共只有 60 年）卓有成效的文治武功打下了坚实的基础。尤其他在后赵恰逢石勒、石虎尊佛图澄为国师，大兴佛教之时，浓厚的佛教氛围令他耳目一新。据记载北魏历史的《魏书》所说，代国久居北方，与西域绝缘，从未听说过佛教，即使偶有耳闻，也没人去信。直到拓拔什翼犍作为人质在后赵生活了九年归来后，才使国人详细了解了佛教究竟为何物。这也为他的孙子拓跋珪崇佛、后来的北魏历朝皇帝崇佛乃至云岗石窟的开凿埋下了具有强大生命力的宗教的种子。

拓跋珪是一个遗腹子。371 年，他的父亲在凶手刺杀拓跋什翼犍时舍身相救，不幸中刀身亡。两个月后拓跋珪出生，所以从小被爷爷什翼犍和母亲贺兰氏带大。6 岁时他遭遇国破家亡，差一点被苻坚迁往长安。当时代国的汉族遗臣燕凤从长远复国计，以拓跋珪幼弱为由，再三央求苻坚把孩子留在母亲身边，这样他就跟随母亲贺兰氏在大漠里漂泊了十年，过着东躲西藏、动荡不安的日子。16 岁时，在他舅舅的扶植下终于成为新的代王，定都盛乐（今内蒙古和林格尔）。不久破旧立新，效仿先秦时战国七雄之一的魏国和汉末三国时期的魏国，改称“魏王”，这就是北魏的发端。

复国初期，拓跋珪立足不稳，羽翼不丰，难服众望。这时他主要仰仗他祖母的兄弟、后燕皇帝慕容垂来助他一臂之力，击败了环伺周围的各路劲敌。后来慕容垂自恃劳苦功高，企图事事凌驾于其上，掌控他这个外甥，逐渐引起了拓跋珪的反感，终于两国交恶，大打出手，结果后生可畏，397 年，也就是拓跋珪即位后十年，他毫不留情地灭掉了后燕。

在攻伐后燕的征途中，拓跋珪眼看胜利在望，大局已定，遂于 396 年改元皇始，行天子礼仪，开始称帝。灭后燕后，398 年正式即皇帝位，迁都平城（今山西大同），定国号为“魏”。此后国力大增，相继征伐了高车、柔然，打败了西方大国后秦，使其损兵折将 4 万余人，令后秦从此不敢染指北魏的一寸土地，这就为日后北魏统一中国北方奠定了坚实的基础，让世人对这个最不起眼的少数民族政权刮目相看。

或许受他爷爷的影响，拓跋珪执政后对汉文化格外推崇，大量引用汉族的典章制度和任用汉族官员，同时对佛教也表现出极大的热忱。据《魏书》记载，拓跋珪在南征北战、戎马倥偬之际，凡经过的佛寺庙宇都要进去参拜，凡遇见的僧人、道士都要致敬，并严禁将士侵扰佛门净地。也就是在他讨伐盘踞在河北一带的后燕时，听说了有关朗公的事迹，这才有了他向朗公致信问候一事。《魏书》上说："先是，有沙门僧朗，与其徒隐于泰山之琨瑞谷。帝遣使致书，以缯、素、旃罽、银钵为礼，今犹号曰朗公谷焉。""先是"指拓跋珪398年正式登基之前，"帝"表示他已经抛却了"王"的称号而改称"帝"，那是在396年。故推测此信就是在396~398年间发出的，而且《魏书》所记载的信的内容与《广弘明集》大致相同，这也从一个侧面证明道宣所收集的朗公与六位帝王的书信往来确有出处。

在致朗公的信里，拓跋珪高度赞扬朗公"德同海岳，神算遐长"，希望能借助他的"威"与"谋"来"克宁荒服"，即征服边远的敌国，可能是指北方的高车与柔然部落，而不可能是指他舅爷爷的后燕，后燕毕竟是亲戚，算不上是"荒服"。"已命元戎"之后似乎是漏掉了一句话，"元戎"指大军，完整的意思应该是"我已命大军开拔，去征讨那些不听话的家伙"。拓跋珪翦除后燕后不久即降伏了这两个异族部落，维护了北方边境的安定。

迄今还没有见到朗公给拓跋珪的回信。

后来拓跋珪照抄汉文化作业有点儿走火入魔，竟赶时髦仿效东晋士大夫服食五石散，追求延年益寿、长生不老。但因服食不得法而被药物整得喜怒无常，滥杀无辜。409年，皇次子拓跋绍的母亲贺夫人不知为何惹恼了拓跋珪，拓跋珪将其囚禁于宫中准备第二天处死。贺夫人送信向儿子求救，16 岁的拓跋绍当晚翻墙入宫，亲手杀死了老爹。“老爹”其实并不老，才 39 岁。这一出戏与十多年前 35 岁的东晋皇帝司马曜被夫人用被子闷死如出一辙，都是死于非命，而且都是死于亲人之手。一代枭雄就这样十分窝囊地死去。

五、后秦皇帝姚兴致竺僧朗的信

第五封信　后秦皇帝姚兴致竺僧朗的信

寄出地址：后秦帝国首都长安

寄出时间：399 年

后秦皇帝向泰山朗和尚致敬问候！

大师您殷勤侍奉神灵，道行高远，蜚声海内，声名远扬，遥无止境。

我现在身居帝国首都长安，正在擘画治国安邦的宏伟蓝图。如今函谷关以东的领土尚未收复，令我寝食难安。我已命大军东征洛阳，关东一带并入后秦的版图指日可待。马到成功之时，朕将巡视东方的领土，殷切期望能与您晤面，亲耳聆听您的指教，凭借您的神通威伏四方！

今派使者送来金佛塔三级，佛经一部，宝台一区，请您收下，聊表朕心！

姚　兴

姚兴是后秦帝国的第二任皇帝，第一任皇帝是他爹姚苌。

后秦的主体是羌族人。后秦是羌族人趁着氐族人的前秦崩溃后在前秦的地盘上建立起的割据政权。

羌族属于西戎，是长期游牧于中国西部的一个十分剽悍的马背上的民族。在甲骨文中，就记载了大量的商王朝与羌人作战的占卜记录。截止到公元5世纪五胡十六国结束，五胡中的匈奴、羯族、氐族或被消灭或被汉族同化，只留下作为北魏统治者的鲜卑人和生活在社会底层的羌族人。又过了100多年后，鲜卑人也不见了踪影，只有生命力无比强大的羌族人至今还生活在中华民族的大家庭中。

在五胡十六国那个血雨腥风的大分裂时代，势单力薄的羌族人先是依附于匈奴人的前赵，前赵灭亡后又降服羯族人的后赵。后赵亡后又归附东晋，三年后因受到汉族权臣歧视又愤然叛晋，与新生的前秦争锋，被前秦打败。357年，作为羌族的首领，姚兴的伯父姚襄和父亲姚苌在今陕西三原战败，姚襄落马当即被杀，姚苌被俘。当时前秦的大将、苻坚的堂兄弟苻黄眉要杀掉姚苌，幸亏时任龙骧将军的苻坚欣赏姚苌的才干，刀下留人，将其救下，并委以“扬武将军”的重任。因有这段知遇之恩，姚苌对苻坚忠心耿耿，甘愿效犬马之劳。尤其在苻坚称帝后统一北方的历次重大战役中，姚苌都冲锋陷阵，战功卓著。

淝水之战前夕，苻坚授予姚苌“龙骧将军”的称号，让他率领水师自巴蜀顺长江而下，直捣建康。临行前，苻坚语重心长地对姚苌说：龙骧将军这个称号是帝国的最高荣誉，我从不轻易把这个称号授予别人，当年我就是从这个位子上当上皇帝的，你可要珍重阿！说完他就后悔了：这不是明白无误地告诉人家将来有当皇帝的机会吗！可大战在即，正是用人之时，且金口玉言，覆水难收。

果不其然，淝水战败后，前秦帝国转瞬间土崩瓦解，苻坚从如日中天迅速走上了穷途末路。看到苻坚大势已去，“识时务”的姚苌公开背叛了前秦，于战后一年建立了后秦，自称“万年秦王”。战后两年的 385 年夏秋之季，苻坚听信谶言“帝出五将久长得”，离开被叛军长久围困、朝不保夕的长安城，朝长安城西北方向 170 公里开外的五将山奔去，以求在那里能获得些许平安，伺机东山再起。不料走漏风声，被姚苌的后秦军劫获。姚苌向苻坚索要传国玉玺，苻坚不给，还骂了他个狗血喷头。385 年 10 月 16 日，恼羞成怒的姚苌命人将苻坚缢死在新平（今彬县）一座佛寺内，终年 48 岁，在位 29 年。一代英豪，就这样悲惨地被自己曾经救过的人结束了自己的生命。

借用前秦雍州刺史徐嵩被后秦军破城杀害前，临危不惧怒斥姚苌卑鄙行径时所说：“你们的头子姚苌当初犯下滔天大罪，罪该万死。当时的统帅本打算把他处斩，多亏先帝苻坚出面说情才救了他一命，还让他担任了国家和地方的许多重要官职，荣耀与恩宠都达到了极点。可是姚苌却连狗马都不如，狗马还知道主人有养育之恩，姚苌却恩将仇报，下此毒手，你们还算人吗？”

对此，历史学家柏杨愤愤不平地说：“苻坚死时，内心的痛苦悲愤，我们深深体会。并在千年之下一哭，为他的遭遇哭，也为当时中国人民遭遇哭。苻坚死而姚苌生，优败劣胜，历史进入反淘汰的黑洞时代。付出代价的是当时的小民，要多受二百年之久的活罪，才能使大分裂时代结束。”①

393 年底，姚苌病逝，长子姚兴即位。

①参见柏杨：《柏杨曰》，人民文学出版社 2010 年版，第 408 页。

姚兴的口碑比他爹强多了。他在位 22 年，励精图治，勤政为民；劝课农桑，兴办学堂；尊儒崇佛，选贤任能。铁腕强力终结了关内的军阀混战，迅速恢复了关陇一带的社会安定，振兴了原来属于前秦土地上的经济和文化，很有苻坚当年的风范。对于佛教来说，姚兴最大的贡献就是迎奉西域高僧鸠摩罗什来到长安。

中国历史上有两场国家之间特殊的战争，前一仗是前秦对龟兹，后一仗是后秦对后凉，战争的主要目的都是为了争夺同一位和尚，这位和尚就是鸠摩罗什。

新疆克孜尔千佛洞前的鸠摩罗什像

鸠摩罗什

鸠摩罗什是公元 4 世纪蜚声西域的一位高僧，他的父亲是天竺一位国相的儿子。为了弘扬佛法，他毅然放弃相位的继承权，东度葱岭，来到龟兹（今新疆库车），被龟兹国王尊为国师。他的母亲是西域龟兹国王的妹妹，看中了他父亲的才华而倾心要嫁给他父亲，起初他父亲不从，后来终于因为王命难违而屈就。

鸠摩罗什7岁时随母亲出家，9岁时随母亲赴罽宾求学，12岁时返回龟兹。归国途中，他在西域的疏勒、温宿等国继续拜当地的著名高僧为师，深入研读佛教义理。20岁时在龟兹王宫受具足戒，之后在龟兹传法20年。他精通三藏，融会大小乘，声誉日隆，成为继佛图澄之后西域佛教界的又一颗璀璨明星。

377年，前秦掌管天文的官员向苻坚奏报说："有明星出现在外国星空的分野，这预示着将有圣人来辅佐您治理天下，如此一来国家将会繁荣昌盛，江山永固。"苻坚听后说："朕听说西域有个鸠摩罗什，襄阳有个道安，这不正是上天谕示我将会拥有这两位高僧吗！"苻坚的占有欲极强，恨不得将天下所有的英才都纳入他的囊中，为他实现统一全中国的梦想打造一个盖世无双的智囊团。王猛、王欢、郭瑀、张忠、朗公等都是他所物色的目标，但这远远满足不了苻坚的巨大胃口，两年后攻克襄阳城，以武力手段得到了道安和习凿齿。此时鸠摩罗什虽然远在天边，可再远的距离对一个野心勃勃的统治者来说算得了什么？383年正月，淝水之战前夕，苻坚在即将和东晋开战，在兵员十分紧张的关口，竟然分出7万人马，派遣骁骑将军吕光远征西域。临行前苻坚再三叮嘱吕光："拿下龟兹后，要绝对保证鸠摩罗什的人身安全，马上通过驿站用快马把他送到长安，一定要做到万无一失！我朝思暮想地盼着他来辅佐帝业，你可要上心啊！”

年底，吕光大军兵临龟兹城下，围城七个月后才将城池攻下，可见龟兹国力不可小觑，当属西域的大国。破城之后，鸠摩罗什很快就被带到吕光的帐下。他原本以为鸠摩罗什是一位像佛图澄那样的耄耋长者，因为佛图澄也是龟兹人，比鸠摩罗什早出生 100 多年，到中原时已 80 岁。吕光万万没有想到他亲率大军远渡流沙，伤亡惨重，费尽九牛二虎之力得到的，竟然是一个 40 岁左右的寻常僧人。他不禁大失所望，于是极尽轻蔑之能事，对鸠摩罗什变着法的奚落与捉弄，使鸠摩罗什的身心受到了极大的伤害。

385 年三月，吕光大军班师，走到凉州的姑臧（今甘肃武威），获悉了淝水战败、苻坚被杀的噩耗。吕光决定不走了，在凉州称帝，建立了后凉国。被裹胁而至的鸠摩罗什不得不在这异国他乡度过 17 年的漫长岁月。在这 17 年里，鸠摩罗什虽然在佛教领域没有建树，但却打下了汉语语言的深厚基础，这就为他日后翻译佛经提供了极大的便利。

如今长安的城头早已变换大王旗，成了后秦的天下。后秦的第二任皇帝姚兴听说鸠摩罗什早已到了凉州，就向后凉索要这位高僧。此时吕光已死，他的侄子吕超篡权当上了皇帝。吕氏一家人虽然守着金饭碗却不把鸠摩罗什当回事儿，可也担心后秦要了人去会派上大用场，霸着人死活不给。姚兴一看文的不行那就学苻坚那一手硬抢呗，于 401 年兴兵进攻后凉。后凉不经打，很快吕超就献城投降。从此拨开云雾见青天，鸠摩罗什终于被迎请到了长安。自打离开家乡到这一天，整整 19 年过去了，此时他已经 58 岁。

人生能有几个19年啊！后来他在长安译经仅有12个春秋，就已独占鳌头，如果后凉国的国君慧眼识珠，充分利用那19年的话，鸠摩罗什对中国佛教的贡献更不可限量。

进城之日，后秦皇帝姚兴亲自出城迎接，就像后来的大唐帝国迎接玄奘那么隆重。这一宏大的场面太富有戏剧性：最初作出决定要迎请这位高僧的人早已成为后秦的刀下之鬼，而如今站在城门口的后秦皇帝，他的父亲就是杀害前面那人的侩子手。苻坚派人摘下的桃子，还没来得及尝一口，就被他不共戴天的仇人的儿子夺走了。除了淝水之战，命运又一次捉弄了苻坚。

鸠摩罗什来到长安后，姚兴把他自己风景秀丽的逍遥园让出来给鸠摩罗什居住，让他在园中的西明阁翻译佛教经典。后来又在园内建了草堂寺，成为鸠摩罗什讲经的主要场所。鸠摩罗什在长安的大部分时光都是在草堂寺度过的。

在长安的12年鸠摩罗什把大部分精力都用在了译经上。在姚兴的全力支持下，创建了继道安之后更大的译场，号称有“三千弟子共翻经”。在他们的共同努力下，译出了佛经74部、302卷，平均一个月就能译出二三卷，速度之快极其惊人。鸠摩罗什所译的佛经篇目繁多，涉及面广，文笔流畅，文字典雅，兼顾了信、达、雅的翻译标准，深受广大僧众的喜爱，在后世广为流传，成为佛教各宗开宗立派的范本。我们今天读到的《金刚经》《法华经》《维摩诘经》《无量寿经》《弥勒下生经》等人们喜闻乐见的佛教经典都出自他手。他与玄奘、不空、真谛并称中国佛教四大译经家，而他位列其首。尽管鸠摩罗什身后1600年中佛经翻译层出不穷，但他的成就至今无人超越。

虽然鸠摩罗什在佛经翻译史上是一座高山仰止的丰碑，但据熟悉他的西域僧人讲，鸠摩罗什的学问所表达出来让世人看到的，尚不及他所掌握的十分之一。他本该成为一位像龙树、提婆那样伟大的佛教理论家，用他自己的话来说，如果让我来撰写《大乘阿毗昙》，就连迦旃延子都无法跟我相比。迦旃延子是释迦牟尼灭度500年后天竺国一位著名的阿罗汉，佛教史上第四次结集的组织者。由于鸠摩罗什后半生历经坎坷，命运多舛，致使属于他的大好时光付诸东流。而来到中原后只能委屈地当一名单纯的佛经翻译家，实现不了他续佛慧命的远大理想，其内心充满了无可名状的隐忍与无奈。

70岁那一年，即后秦弘始十五年（413）八月二十日，鸠摩罗什在草堂寺圆寂。圆寂前一天，他向弟子们郑重告别，希望大家能把自己所译的佛经广为流传，发扬光大。他当众发下誓言：如果我翻译的佛经正确无误的话，火化后我的舌头将不会焦烂。正如他所期望的那样：火化后他的全身均化为灰烬，只有舌头留在火中，完好如初，正应了他自己所译的《维摩诘经》中的名句："火中生莲花，是可谓稀有！"

草堂寺位于西安西南30公里的户县草堂镇。寺内现存有鸠摩罗什的舍利塔，塔由八种不同颜色的玉石镶拼而成。寺内还有一块《唐太宗赞罗什法师碑》，其上诗云：

秦朝朗现圣人星，远表吾师德至灵。
十万流沙来振锡，三千弟子共翻经。
文如金玉知无朽，舌似兰荪尚有馨。
堪叹逍遥园里事，空余明月草青青。

唐太宗李世民这首诗将鸠摩罗什一生的经历和才华概括无余，给予极高的评价。

在中国历史上，不但在治国兴邦的基本国策中大力推崇佛教，同时个人也笃信佛教，身体力行地研究佛教义理并且成就斐然的，首推梁武帝，其次就是姚兴。据《高僧传》记载，403 年，在长安逍遥园，为重译大乘佛教巨著《大品般若经》，鸠摩罗什手持梵文原本，姚兴亲自出马，手持旧译本跟罗什逐字逐句地相互对照，在其他弟子的协助下终于将新作译出，使其文字更加流畅，义理更加明确。除此之外，姚兴还亲自撰写了《通三世论》一文，来解释人生的因缘果报关系，特别强调了行善的重要性。文章写好后，姚兴请罗什过目，虚心征求意见。鸠摩罗什很快回信，详细阐述了自己的观点，并与其切磋，达成共识。两人的书信往来也都保存在道宣的《广弘明集》中。

在致朗公的信中，姚兴一上来首先盛赞了朗公一通，然后不无自豪地告诉他，后秦的大军很快就要兵指洛阳，收复东土。等到了胜利的那一天，或许就能在齐鲁大地上与朗公相见，当面聆听大师的指教，仰仗大师的神通之力所向披靡，降伏四方。

写这封信的时间是在 399 年，那时姚兴还没有得到鸠摩罗什，只能向身居泰山的朗公伸出橄榄枝。当时东晋乘淝水之战胜利的余威北伐虽然短时期收复了洛阳，但由于内乱频生，无力拱卫，又将其放弃。后秦趁此机会逐渐蚕食东晋的土地，最终占有了已是空城的洛阳，打算以此为桥头堡将势力范围继续东扩至太行山以东地区。但由于齐鲁一带已被南燕占领，加之摄于东晋大将刘裕的威名，故后秦拥有洛阳后不得不到此止步，企图重现前秦那么辽阔的版图已完全没有可能，所以姚兴与朗公的晤面也就因此而搁浅。两年后他得到了鸠摩罗什，也就把朗公抛在了脑后。其实我们今天仍然可以想象出，朗公打心眼里不愿意理睬这个人。在与朗公有所交集的这六位帝王中，他比较认可的还是苻坚。苻坚无论是对本国臣民还是对亡国之君都以慈悲为怀；对他，对他的师兄道安和他的挚友张忠真正能做到礼贤下士、崇尚有加，是那个乱世中少有的明君。苻坚的不幸遭遇肯定令朗公唏嘘不已，他对谋害苻坚的侩子手及其继承者也绝不会报有什么好感。

没有见到朗公给姚兴的回信。

六、南燕皇帝慕容德与竺僧朗的书信往来

第六封信　南燕皇帝慕容德致竺僧朗的信

寄出地址：南燕帝国首都广固（今山东青州）

寄出时间：400 年

皇帝向泰山朗和尚致敬问候！

这些年来，我们慕容家族屡遭不幸：先是在建熙年间（370），我的侄子、前燕皇帝慕容暐及其王室成员被前秦掳去长安，从此国破家亡。后来仰仗我的兄长慕容垂光复

了故国，建立了后燕。他收复失地，重振朝纲，雄踞关东半壁江山。

然而好景不长，厄运再次降临。仅仅过去了十二年，后燕皇帝慕容垂不幸离世。自永康年起（396），由于受到北魏的不断攻击，我们慕容家族过着动荡不安的日子，最终被拓跋氏灭国，都城沦陷，幼主慕容宝逃亡。

每当我北望故国家园，常以泪洗面，痛心疾首。我生逢乱世，没什么能耐，只是靠时运当上了皇帝。这其中少不了大和尚您的神通护佑，您的大恩大德我没齿难忘！

今特派使者送来绢百匹，并授予您“东齐王”的荣誉称号，将奉高（今泰安岱岳区）、山茌（今长清张夏镇）二县的赋税划拨给您使用。

文字难以表达出我对您的无比崇敬之情，请您相信这都是发自我的肺腑之言！

竺僧朗给南燕皇帝慕容德的复信

僧朗叩首致谢！

陛下荣登大宝，君临天下，世事和谐，皇恩浩荡。选贤任能，惠及百姓，何虑江山不归一统！

陛下一向崇佛礼道，信奉三宝，此次施舍尤为厚重。贫僧乃出家之人，迹不入俗，承受不起“东齐王”的名号。我力所能及的，就是率领广大僧众，兴修庙宇，供养佛像，替您求得福报。

僧朗再次叩首致谢！

慕容德

慕容德是后燕皇帝慕容垂的弟弟。当年他哥俩在前燕都属于王公贵族，一个是吴王，一个是范阳王，是前燕帝国能征善战的将帅之才。末代皇帝慕容暐是他们的亲侄子。后来慕容垂受到皇太后和皇叔的迫害叛逃到了前秦苻坚的阵营，慕容德也因此受到牵连被免去了所有官职。不久后前秦灭了前燕，前燕皇室被苻坚悉数迁去长安并受到优待，大都封官拜爵，慕容德被任命为张掖太守。

淝水战败后，前秦土崩瓦解，慕容垂乘机叛秦，在河北复辟了慕容氏的燕帝国，史称“后燕”。慕容德审时度势，扔掉了太守的官帽追随哥哥而去，被任命为车骑大将军，仍称“范阳王”，还兼“冀州牧”等官职，承担起镇守后燕帝国南大门邺城的重任。

12年后，396年，慕容垂为替自己那只会坑爹的儿子慕容宝找回战败的颜面，不幸死在御驾亲征他外甥拓跋珪的路上。转过年来，北魏大军得手就灭了后燕。后燕新主儿慕容宝往北逃往老家龙城（今辽宁朝阳），慕容德则往南逃窜至滑台（今河南滑县），在那里建立了南燕，自称“燕王”。

可是滑县属于平原地带，一马平川，无险可守。它北临强魏，南倚东晋，西接后秦，周围强敌环伺，危机四伏。何去何从，令慕容德寝食难安。有人主张去彭城（今徐州），认为彭城南北通衢，回旋余地大。但反对者认为彭城历来就是兵家必争之地，且临近江淮，水乡泽国，发挥不出马上民族的骑兵优势。尚书潘聪力排众议，提议东进齐鲁。他认为齐鲁大地目前属于真空地带，无强敌盘踞；且物阜

民丰，可提供雄厚的物资保障。尤其在齐地青州，80多年前前赵的青州刺史曹嶷耗费十几年的功夫打造了一座固若金汤的广固城，依山傍水，进退有余，作为都城使用，“得来全不费工夫”，何乐而不为呢！慕容德仍犹豫不决。这时有人献计说：“听说泰山有位老和尚竺僧朗上知天文，下知地理，精通术数，神机妙算无不应验，先皇慕容垂曾经与朗法师有过书信来往，何不让他来预卜一下前程呢！”慕容德这才回过神来，立马派副将苏抚亲赴泰山向朗公问计。

朗公在朗公寺接待了苏抚。苏抚说明来意后，朗公对他说：“贫僧乃出家之人，不该过问政事。可看在你家大王如此精诚的份上，我只好破一次例了。依老衲看，潘尚书的动议实属上策：今年年初彗星初现于天空的奎娄分野，然后扫过虚危的分野。奎娄对应着鲁地，虚危对应着齐地，而这颗彗星有除旧布新之象。如此天象这是在启示你们：宜先立足兖州，再图鲁东。待秋后北上齐地，自然水到渠成。”

在中国古代，彗星的出现往往被看作是灾异的征兆，可朗公为何却对苏抚说这是“除旧布新之象”呢？是不是朗公为了不让对方失望而说的一番安慰的话呢？不是的。汉代的占星术认为，彗星出现在北方预示着夷狄内侵；出现在南方则是天下兵起；出现在西方是羌胡叛中国；而出现在东方的结局最好：是“将军谋王”。[①]朗公当年所看到的天象，正是彗星出现在东方，正应了南燕绝处逢生，慕容德不再想当大王而是想当皇帝，屈尊向朗公问计，最终委身齐鲁大地寻求生存空间的因缘际会。

临走，苏抚又偷偷问朗公南燕能撑持多少年，朗公用

①参见任继愈：《中国佛教史》第一卷，中国社会科学出版社1985年版，第37页。

《周易》策算后告诉他：也就是一纪（十二年）左右，仅传父子两代。苏抚惊叹道："国祚这么短吗？"朗公说："卦象明摆在这里，非人力所能为。"苏抚默然。回去见到南燕王后，苏抚将朗公所言如实禀告，只是隐瞒了朗公对南燕享国的预测，把夹带的私货埋藏在心底。

得到高人的指点后，慕容德感到底气十足，终于下定决心，率领大军挺进齐鲁。一切如朗公所预期的那样，南燕所向披靡，不到一年工夫就毫不费力地占有了青兖的千里沃野，并把广固城做为南燕的都城。400 年，慕容德在此正式称帝。

如愿以偿的慕容德登基后没有忘记在他犹豫彷徨时为他指点迷津的竺僧朗，立即派特使给朗公送去绢百匹，并授予他"东齐王"的荣誉称号，以褒奖他对南燕的加持护佑——"神祇盖护"。尤其难能可贵的是，慕容德把奉高、山茌二县的赋税划拨给朗公使用，这真是前无古人、后无来者的事情。这份儿大礼的含金量是如此之高，正是靠着这笔巨大的财富，朗公才将寺院扩大为"上下诸院，十有余所，长廊延袤，千有余间"的东方第一大寺，并在此基础上新建了灵岩寺。

南燕在慕容德统治时期，尊崇儒术，安抚流民，鼓励农桑，大兴盐铁，一度社会安定，国富民强。其疆域"东至海，南滨泗上，西带巨野，北薄于河"，军事力量达到"步兵三十七万，车一万七千乘，铁骑五万三千"[①]，短时间内迅速崛起为东方大国，一度曾厉兵秣马，准备趁东晋内乱之机南下江淮与东晋争雄，饮马长江。

就在这剑拔弩张，即将开战之际，405 年，山东一带却

①参见安作璋：《山东通史·魏晋南北朝卷》，人民出版社2009 年版，第68 页。

接连发生强烈地震，慕容德觉得此乃不祥之兆，是上天对他的警告，惊恐过度，惶惶不可终日。加之连年备战，心力交瘁，终于病倒，不久离世，在位仅五年，享年 70 岁，被戏称为“史上唯一被地震吓死的皇帝”。

慕容德死后，由于没有子嗣来继承皇权，只好让他的侄子慕容超来接替皇位。慕容超的父亲是慕容德的哥哥慕容纳，在前秦时他与其妻段氏以及母亲住在时任张掖太守的慕容德家里。淝水之战后慕容德跟随慕容垂脱离前秦建立了后燕，故前秦以叛国罪株连了他们整个家族，处死了慕容纳和慕容德的儿子。他们的母亲因年龄太大故被免刑，而慕容纳的妻子段氏因怀着慕容超故被囚禁在狱中待产后缓期执行，后被慕容德当太守时的部下舍命救出，不久生下了慕容超。慕容超 10 岁时，他的奶奶去世。临死前老太太把慕容德临走时留下的一把金刀交给慕容超，告诉他这把金刀是他叔叔留下的，如今他叔叔已在山东成事，如有机会逃离关中，凭这把金刀定能找到你的叔叔。后来慕容超千里寻亲，终于在广固城见到了他的叔叔、已是南燕皇帝的慕容德。慕容德见自己的侄子气宇宣昂，一表人才，非常喜欢，给他起了正式名字“慕容超”，封北海王、拜侍中骠骑大将军司隶校尉。由于慕容德的儿子都被前秦杀害，他就立慕容超为太子。慕容德死后，慕容超就自然成为了南燕的接班人。但他只干了六年。他这六年的作为比起他的叔叔来差得很远，辜负了慕容德对他的用心栽培和殷切期望。他当上皇帝后任用奸臣，滥杀无辜，穷奢极欲，劳民伤财，把他叔叔留给他的一把好牌彻底打烂。作为一位不务正业的“文艺青年”，为了满足自己的歌舞嗜好，他竟然横挑强邻，派人跑到300多公里开外的宿豫城（今江苏宿迁），当时属于东晋的地盘上强抢2500名歌舞伎以充实他的宫廷乐队。这下惹恼了东晋大将刘裕。刘裕是威震敌胆的“北府兵”出身，号称“常胜将军”。409年，刘裕率军北伐南燕，次年攻克南燕都城广固，26岁的慕容超被绑赴建康问斩，王公贵族三千余人被杀，南燕遂亡。随着南燕的覆亡，统治中国北方地区长达30余年的慕容氏家族正式退出了历史的舞台。正所谓“自作孽，不可活”。这也应验了朗公的预言：立国一纪，传两代。

在慕容德致朗公的信中，他痛心疾首地哭诉了一番慕容家族的悲惨家史，从前燕的灭亡到后燕的兴起，从哥哥慕容垂复兴燕国到被外甥拓跋珪活活气死，乃至最后国破家亡，各奔东西，真是“字字血，声声泪”，今天读来仍具有一定的感染力，当年慕容德的悲愤心情跃然纸上。

朗公在回信中首先称颂慕容德皇恩浩荡，治国有方，选贤任能，造福百姓，并预言他很快就会立足东方，再造齐鲁之地。然后笔锋一转，赞扬他向来对佛教尊崇有加，施舍大度。但对于“东齐王”的名号实在不敢恭维，贫僧向以山林为家，迹不入俗，我所能做到的，就是把您的施舍全部用来弘扬佛事，广开道场，为您祈福。

朗公心中有数，知道南燕的国祚不会长久，这是他运用《周易》演绎出来的。从朗公与慕容德的交集往来中，乃至以上所有帝王的口中，我们可以洞悉，朗公除了精通佛法之外，对天文地理、方技术数等中国传统文化的掌控有很深的造诣。

中国古代研究“天道”的学问叫作“术数”之学，包括天文历算、占星候气、风角五音、占卜相术等；而研究生命的学问则叫作“方技”之学，包括医学、服食、行气导引等。二者合称“方术”。葛兆光指出：这些在后世先被称作“方技数术”，后被当作“奇技淫巧”，最终被判定为“迷信巫术”的东西，在当时的历史背景中，却可能是正经的“学问”，既是知识人的文化，也是文化人的知识。[①]纵观历史我们不难看出，凡在佛学领域有所建树的高僧大德，其国学底子大都极其深厚，他们对中国传统文化知识的修养极高，这才使得他们对于来自异域的佛教经典和佛教教义能够很好地消化吸收，融会贯通。反过来，佛教传入中国后，势必要与本土的固有文化相结合才能有效传播自身的教义，而谶纬阴阳、方技术数之学正是当时中国思想界的主流意识，僧人们不失时机地选择其作为切入点，巧妙地植根于内，使其成为宣传佛教教义的有效工具和载体。

竺僧朗的老师佛图澄就是这方面的杰出代表。他虽然是一个“外来”的和尚，但在巧妙利用中国固有的这些传统文化来预言吉凶、卜算未来、劝化统治者多施仁政等方面则显得得心应手，游刃有余，一点也不输于中国本土的文人雅士。《高僧传》中所记载的有关佛图澄的所谓“特异功能”都能够与中国传统的“方术”一一对应：他能够“闻铃辨吉凶”，其实就属于术数中的“风角”之术，也即根据铎铃的响声来判断风的方向、强弱从而达到占验吉凶的一种方法。他以彗星在夜空出现来变劝石勒少开杀戒，

①参见葛兆光：《序》，余欣：《中古異相：写本时代的学术、信仰与社会》，上海古籍出版社2015年版，第3页。

就属于拿祥瑞灾异学说来警醒统治者。其他诸如善颂神咒属于祝由术；善进谶言属于谶纬术；遥控灭火、救人属于转移灾祸术；诊疗痼疾、起死回生则属于方技中的医术，除此之外还有服气辟谷、役使鬼物、乞雨止雨、解梦相面等等，五花八门，不一而足，真可谓集中国古代方术之大成，是一位名副其实的百科全书式的人物。这些在今天看来杂七杂八的伎俩似乎是非常幼稚可笑的，大都被视为荒诞不经的东西，但古人在实际应用时却是相当严肃认真的，毫无自欺欺人的感觉，它为当时的广大知识精英和普通大众所广泛接受，在他们的意识里这就是理性的选择，是依据其内在逻辑推导出来的合理的结论。①

名师出高徒，竺僧朗既然是佛图澄的高足，耳濡目染，自然得师门之真传，也身怀一些这方面的“绝技”。有一次，竺僧朗与其他僧人一起外出，走到中途他忽然停下脚步对大家说：寺中好像来了窃贼，正在偷我们的东西。众人一听赶紧跑了回去，果然发现有小偷正在寺中行窃。幸亏僧朗及时提醒赶了回来，吓跑了窃贼，才避免了物品的丢失。还有前面提到过的，朗公建寺后，凡是远道而来参拜的僧众，无论人数多少，朗公都能够事先知晓，提前吩咐弟子按照人数准备斋饭，结果每次都恰到好处。

苻坚说他“澄神寂妙”；司马曜说他“悬禀妙算”；慕容垂说他“至人通灵”；拓跋珪说他“神算遐长”；姚兴希望“凭灵伏威”；慕容德感激他“神祇盖护”，众口一词，异口同声，不外乎“神通”与“妙算”。从这六位帝王的交口称赞中，不难看出朗公除了佛学造诣了得外，

①参见孙英刚：《神文时代》，上海古籍出版社 2015 年版，第 18~21 页。

还是一位精通国学的饱学之士，尤其在术数推演方面更是出类拔萃之辈，才会引得无数帝王竞折腰，争先恐后地邀请他出山辅佐帝业。后来隋文帝也是基于朗公“屡显神通”的缘由而把朗公寺改名为“神通寺”的。

七、帝王的馈赠

以上六位帝王馈赠给朗公的礼品大体可以分为两类：宗教用品与纺织品。其中宗教用品主要是佛像、佛塔、佛经、佛钵等法器，纺织品主要为丝绸类织物。

（一）佛像

早期的佛教是反对偶像崇拜的。佛陀在世时，有弟子提议在菩提伽耶那棵著名的菩提树下给他塑一尊雕像，遭到了佛陀的坚决反对。他对弟子们说：你们看见这棵树就等于看见我了。所以在此后很长的一段历史时期内，信徒们只是以圣树、法轮、佛足印等作为膜拜的对象。人们以菩提树来象征佛陀的觉悟；以法轮象征佛陀讲法；以佛足印来表示佛陀的四方巡游；以金刚座来喻指降魔；以佛塔来象征佛陀的涅槃。用这些特定的符号来象征佛陀的存在。直至今天，在菩提伽耶那棵被世人视为神明的大菩提树下，仅保留着纪念佛陀当年曾在此冥想打坐，战胜邪魔诱惑，最终成就无上正觉的金刚宝座供人瞻仰。

汉代时，游牧于河西走廊西端的大月氏部落被匈奴驱赶，向西迁徙到中亚一带，建立起包括今印度北部、巴基斯坦、阿富汗等国在内的贵霜帝国。当年汉武帝派张骞出使西域，就是想与大月氏人联手打击长期肆虐中国北疆的匈奴。但大月氏人在新的家园感到自然环境比老家更优越，“乐不思蜀”，破灭了汉武帝东西夹击匈奴的梦想。

到了贵霜帝国的第三任皇帝迦腻色伽执政时，他为了维护他那庞大帝国的统治，把源自印度的佛教奉为国教，而他也借此以“救世主”“转轮王”自居。在这种举国尊佛崇佛的浓厚宗教氛围中，佛教迅速升温，在以帝国首都布路沙不逻（今巴基斯坦白沙瓦）为中心的犍陀罗地区得到了再造与升华。当时最高的佛塔——雀离浮图在此诞生，中国西行求法的高僧法显、玄奘都曾亲眼目睹过这座佛塔的雄姿。后来北魏洛阳的永宁寺塔就是以它为蓝图仿建的。第一尊佛像在这里雕刻，第一部纸质佛经在这里写就，大乘佛教在这里开宗立派。犍陀罗地区被迦腻色伽一手打造成佛教的中心，乃至于魏晋南北朝时期汉文史料中屡屡提到的“罽宾”，并非指今天的克什米尔，而实际上是指以白沙瓦为中心的犍陀罗地区。[①]佛教在这里如同插上了翅膀，向东越过帕米尔高原，飞跃进入东亚，逐渐成长为一门真正意义上的世界性宗教。

佛像就是这样乘着佛教东来这副垂天之翼，在东汉时期传入中国，在神州大地流布南北，大放异彩。故在中国佛教也被称为“像教”。现存于世、有明确纪年的中国最早的佛像是一尊鎏金铜佛坐像，像高近 40 厘米，甚为高大，是现存的十六国时代佛像中首屈一指的名品，现藏美国旧金山亚洲艺术馆。底座铭文标记为后赵石虎当政时的建武四年，即公元 338 年。那时正值佛图澄在后赵大力弘扬佛法、

①参见孙英刚、何平：《犍陀罗文明史》，三联书店 2018 年版，第 164 页。

如日中天之时。所以至今河北地区中部十六国时期的金铜佛像屡有出土。

另据《高僧传》记载，朗公的师兄道安在襄阳修建檀溪寺时，前秦的天王苻坚闻讯后特意派人送来了国外进贡的、高七尺的“金箔倚像”，也就是优填王像。另外，还有金坐像、金缕绣像、金丝织成像和结珠弥勒像。每当举行法会时，道安都会将这些佛像罗列出来，供大家瞻仰。远在西北的凉州刺史杨洪忠送来了1万斤铜，这在当时是一个不菲的数字，因为那时铜与铜钱是等价的。道安用这些铜铸造了一尊一丈六尺高的佛像，供奉在寺内，佛像妙相庄严，光彩夺目，整座大殿都被佛光辉映得金碧辉煌。

当时，身高一丈六尺的佛像被视为佛陀的“标准像”，被称为“瑞像”，代表着佛的“应身”，即我们能看得见的佛的“肉身”。而我们所看不见的则是佛的“法身”。那时，上至皇室贵胄，下至寺僧信众，都把能够铸造“丈六瑞像”看作是一件功在当代、福佑千秋的无比神圣的大事。每当佛像落成，都要举行场面宏大的浴佛活动，让佛陀的慈光普照大地、润泽苍生，让广大僧众观佛犹如见佛，使渴望佛陀慰藉的心灵能够获得身临其境的温渥。

在朗公收到的这些大礼单中，东晋皇帝司马曜送给朗公“五色珠像一躯”；后秦皇帝姚兴则赠送了“金浮图”，也即袖珍佛塔三级，另有宝台一区。“宝台”即佛寺、佛塔的雅称，这里指的是缩微模型。而前秦的苻坚则赠送了“紫金数斤”，供朗公给佛像镀金之用。紫金是一种金和铜的合金，与玫瑰金类似，除用作首饰之外，主要用来给其他物品镀金。苻坚在信中明确表示这些紫金是专“供镀形象”之用的。

由此可见，公元3至5世纪，中国的佛像崇拜已非常盛行，其风头丝毫不亚于它的诞生地犍陀罗地区。通过帝王之手馈赠给高僧大德的这些精美的佛像，充分彰显出统治阶层对佛教的认可与推崇，他们再也不把佛陀看作是外来的“戎神”，而是竞相膜拜，把他当作维护其统治合法性、护佑其政权长治久安的“神器”。

据唐代释道宣所著《集神州三宝感通录》记载，当时朗公寺有高丽、相国、胡国、女国、吴国、昆仑、北代等外国所赠送的各种金铜佛像。朗公十分恭敬地把他们供奉在一座专门陈列这些佛像的大殿内，精心呵护，虔诚礼拜。大殿内因为拥有如此众多的佛像而熠熠生辉。大殿虽门窗常开，但鸟兽却从不进去袭扰。

据专家考证，上述七国中，高丽即今朝鲜，相国在今辽宁省鞍山市，曾是高丽的属国。吴国即东晋，北代即北魏，昆仑国在今缅甸一带。[①]胡国即为“猃胡国”，居天山南麓，属匈奴的后裔。而“女国”名“东女国”，它是古代西藏西北部山区靠近印度的一个母系氏族小国，它也是小说《西游记》中女儿国的原型。

以上七个位于四面八方、相隔十万八千里不同地域的国家竞相给朗公寺送来尊贵的金铜佛像，可见当时朗公寺已是蜚声中外、天下闻名。正所谓：“道德凝怀，千里哲人竞凑，芳声播远，五朝天子移风。”（义净语）隋文帝时，高僧灵裕曾经见过这些佛像，并为之写过《像赞》：“应感而来，诚无指属，岂神通冥著，理隔寻常之议乎？”

①参见温玉成：《青州佛教造像考察记》，刘凤君、李洪波主编：《四门塔阿閦佛与山东佛像艺术研究》，中国文史出版社2005年版，第161页。

唐代高僧释道宣在《续高僧传·释僧意传》中亦曾记载这些造像至唐初犹存。

（二）纺织品

礼单中的大宗物品是纺织品，且以丝织品为主，这并非是由于君王特别关注僧人的服饰，而是基于这样一个历史原因：从三国时代一直到唐朝，来自朝廷的赏赐均以丝织品为主，金银铜钱为辅。这是由于金属铜在历朝历代都是一种稀缺的战略物资。它除了铸造货币之外主要还是用来制造兵器装备，所以历史上铜的缺口一直都很大。这就形成了皇帝赏赐时多以实物代替铜钱的惯例。纺织品实质上等同于货币，完全可以在市场上以物易物，毫无阻碍地流通。如此一来就可以省下大量的金属铜移作他用。[①]

在帝王礼单的纺织品中，有绢、绫、锦、素等不同的种类，如苻坚送的绫 30 匹；司马曜送的明光锦 50 匹；慕容垂送的官绢 100 匹、绵 50 斤；拓跋珪送的素 20 端、白毡 50 领；慕容德送的绢 100 匹。只有姚兴没送纺织品。

以上这些令人眼花缭乱的纺织品，其实大都是用不同的织法织出来的桑蚕丝织品，属于中国的国粹，有五千多年的悠久历史，后来它们被输出到西方去的通道则称为“丝绸之路”。它们的总称是“帛”。在汉语的语境里，“帛”常与“布”相对出现，而“布”是低档的衣料。古代的布是用野葛、大麻、苎麻等植物纤维织成，直到宋元时代棉花从东南亚和印度大量传入内地后才开始广泛采用“棉布”来缝制衣服。古人常自谦是“一介布衣”，意指自己出身贫寒，

①参见汪凌燕、汪通：《穿越历史聊经济》，北京大学出版社 2016 年版，第 306~307 页。

是只穿得起“布衣”而穿不起丝绸的人。可古时候的“布衣”大都是用葛布而非棉布做成的。白居易在《醉后狂言酬赠萧、殷二协律》一诗中写到，他的幕僚萧悦、殷尧藩在冬季十一月飘雪的杭州还“天寒身上犹衣葛”，身为基层官员却还穿着用葛布做的衣裳，难以抵御冬季的严寒。白居易实在看不下去，赶忙让裁缝用“桂布”和“吴绵”给他俩各缝制了一件棉衣。其中“桂布”即是今广西桂林一带出产的棉花所织成的棉布，而“吴绵”则为苏州一带所产的蚕丝绵。由此可见，棉布即使在唐代中晚期仍是一种稀缺物品，就连普通政府官员都穿不起，更遑论底层百姓了。

在“帛”所包括的丝织品中，“绢”和“素”都是白色平纹的丝织品，而“绫”则为斜纹的丝织品，它们都属于生丝制品。“锦”是带有彩色花纹的丝织品，历史上著名的有蜀锦、宋锦和云锦三大名锦。古时候只有贵族才能穿得起，其价如金，故以“金”字作“帛”的偏旁，寓意“唯尊者得服之”。曾在央视《国家宝藏》节目中出镜的国家一级文物、1995 年出土于新疆尼雅的、绣有“五星出东方利中国”字样的汉代护臂，就是用蜀锦做成的。

东晋皇帝司马曜所赠的“明光锦”，是 4 世纪后赵国发明的一种白底暗花纹的织锦。后赵当年据有华北平原，种桑养蚕得天独厚，丝织业非常发达，专门建有“织锦署”，品类齐全，花样繁多，光是织锦就有几十个品种。史载“工巧百数，不可尽名也”。

汉代一匹绢（2.2 尺 ×40 尺，如长 60 尺则为一端。拓跋珪所送的“素”即为“二十端”）值铜钱 600 文，或小

米 720 斤[①]，约等同于人民币 500 元。当然，如按现在的价格换算，720 斤小米约值人民币 5000 元。后燕皇帝慕容垂和南燕皇帝慕容德均送给朗公绢百匹，价值约等于现今的 5 万元人民币。是非常可观的数字。

另外，拓跋珪所送的“白毡”是用羊毛编织的一种厚呢绒。在北魏之后的北齐人魏收所著的北魏国史《魏书·释老志》中，同样也记载了拓跋珪赠送给朗公的礼物，与《广弘明集》的记载大同小异，只不过将“白毡”记作“旃罽”（zhān jì），它们都是用羊毛做成的织物。另外还多了一样“缯”，缯也是一种丝织品，“杂帛曰缯”。而东晋皇帝司马曜送的“象牙簟（diàn）”则是用象牙编织成的凉席。

由于丝织物来源于桑蚕，故有人反对僧人穿着此类衣物。[②]唐代的南山律宗祖师道宣就曾明确指出，绫、罗、锦、绮、绢等丝织品不可用来制作僧衣，他强调“安用杀生之材，而为慈悲之服”。与之相反，稍晚于道宣的三藏法师义净，在留学印度十三年归来后所著的《南海寄归内法传》一书中，却认为无论粗丝和细绢都是佛陀允许使用的，不必强行禁止。他实地观察到，印度天竺的四大部派僧人由于细棉布难以获得，就都用绢来制作僧衣，这是合乎教法的做法，用不着大惊小怪，自寻烦恼。至于说使用丝织品有杀生之嫌，义净认为，这就如同印度的僧人可以吃三净肉一样，只要没有主观故意，又非亲历亲为，就算不上触犯佛家禁忌。[③]话又说回来，朗公拿这些丝织品并不一定是用来缝制僧衣，而很大的可能是把它们当成硬通货，用以维持寺院的日常运作以及寺院的改扩建等方面的资金需求。

①参见力高才：《魏史述评：拓跋魏的历史划痕》，山西人民出版社 2017 年版，第 196 页。

②参见费泳：《中国佛教艺术中的佛衣样式研究》，中华书局 2012 年版，第 16 页。

③参见（唐）义净：《南海寄归内法传》，华涛释译，东方出版社 2018 年版，第 99~100 页。

第六章
历史上第一位用文字记载竺僧朗事迹的人

赵整，字文业，略阳清水（今甘肃天水市清水县）人，苻坚的同乡，苻坚政府的高级官员。

一、爱讥讽朝政的前秦高官赵整

公元357年，苻坚杀死了他的堂兄、昏庸暴虐的前秦第三代国君苻生，夺取了皇位，但不称皇帝，改称“天王”。也就是在这一年，18岁的赵整入朝为官，一开始任“著作郎”，即史官，后又升迁为“黄门侍郎”，相当于副部级干部。他最后任武威太守，仕途可谓一帆风顺。他虽官运亨通，但却其貌不扬：人长得清瘦且没有胡须，有妻妾但没有儿女，人们私下里讥讽他像个“太监”。可人真不可貌相，史书上说他“情度敏达，学兼内外，性好讥谏，无所回避”。他在朝堂上做人正直不阿，忧国如家，经常对苻坚的不当行为犯颜直谏，前后达50多次。他劝谏帝王的方式与众不同，他都是以歌谣的形式来讽咏时政，每每在大庭广众之下浅唱低吟，看上去好像是即兴发挥，为主人捧场逗乐，可仔细品味却寓意深刻，发人深省。好在他经常讽咏的对象苻坚是个贤明的君主，一听到赵整的“秦腔”立马就能明白他所要表达的深层含意，而且雍容大度，从不责怪他。

有一次，苻坚与群臣豪饮，招呼大家要开怀畅饮，不醉不归。宴会上他还让一位秘书郎当监酒官，谁滴酒则罚三杯。赵整面对此情此景，即兴作歌唱道：“地列酒泉，天垂酒池。杜康妙识，仪狄先知。纣丧殷邦，桀倾夏国。由此言之，前危后则。”苻坚听后心知肚明，幡然醒悟，不但没有迁怒于他，反而用赵整这首《酒德歌》警示大家，律己律人，引以为戒，从此拒绝通宵达旦地豪饮，以桀、纣作为镜子，不再让历史的悲剧重演。

370 年，前秦灭掉鲜卑人建立的前燕国，将末代皇帝慕容暐及王公贵族、朝廷百官悉数迁至长安，以便监视管理。慕容氏一族是鲜卑人中最漂亮的一支，她们皮肤白皙，英俊潇洒，因此被称为“白虏”。慕容族的姑娘风情万种，令汉族人都禁不住心旌神摇，故许多东晋皇室和士族娶鲜卑女人做内室，如晋明帝司马绍的母亲就是鲜卑人。

在这些亡国的慕容氏贵族中，有一对姐弟格外出众，他们是末代皇帝慕容暐的弟弟慕容冲和姐姐清河公主。姐弟俩天生丽质，妩媚多情，被苻坚看中，纳入宫中，百般宠爱，不离左右。大臣们多有微词，但不敢明说。可赵整才不管苻坚高兴不高兴，抚琴而歌曰：“昔闻孟津河，千里做一曲。此水自本清，是谁乱使浊？”提醒苻坚要洁身自好，远离情色的诱惑。苻坚倒很明智，从谏如流，很快就把慕容冲派发到外地为官，平息了众人的非议。

当初被迫迁至长安一带的鲜卑人有 10 万多户，70 万人左右。那时人口就是生产力，就是税收，就是财富。后来苻坚胆敢发动旨在吞并东晋的战争，就是仗着他有超过东晋两倍的人口红利，才使他利令智昏，铸成大错。可吊诡的是，淝水战前三年，苻坚却将本民族氐族人 15 万户 70 余万人迁至关外，他认为只有这样才能让自家人镇守四方，才能使前秦帝国稳如磐石，永远立于不败之地。但如此一来使得京师一带的氐族人口几乎减少了一半，这种错误的决策所造成的恶果不久就显现出来。赵整以他敏锐的眼光捕捉到了这其中隐藏的危机，作歌道："阿得脂，阿得脂，博劳旧父是仇绥，尾长翼短不能飞。远徙种人留鲜卑，一旦缓急当语谁！"博劳即伯劳鸟，是一种小型食肉雀鸟，生性凶猛，有"雀中猛禽"之称。而"尾长翼短"的仇绥只能成为伯劳鸟的猎物。赵整的弦外之音是：把最可信赖的本民族子弟外放到边陲去，而把大量离心离德、伺机复辟的鲜卑人留在身边，一旦发生不测，你靠什么来拯救你呢？

以往的劝诫苻坚大都听进去了，可这一次他自恃有雄才大略，完全能掌控得了这种复杂的局面，把赵整的警醒当成了耳旁风，一笑了之。可当淝水之战出人意料地战败后，赵整的预言很快就变成了现实：鲜卑人终于等来了复仇的机会，那个被苻坚宠爱有加的慕容冲带头造反，背后捅刀，带兵围困长安城，疯狂地向苻坚叫板，最后逼得苻坚仓皇出逃，半路上又被他钦封的"龙骧将军"羌人姚苌无情地杀害，饮下了自酿的这杯苦酒。

赵整无可奈何，只能眼睁睁地看着前秦帝国的大厦顷刻间轰然倒塌，灰飞烟灭。

二、虔心向佛的赵整

前秦统治时期，其疆域东至大海，西至流沙，长安位居丝绸之路的东端，是往来中原与西域的重要枢纽。尤其在376年吞并前凉后，势力扩充至西域，大路朝天，畅行无阻。加之苻坚崇尚佛教，故吸引了大批来自天竺和西域的高僧云集帝国首都长安。尤其是随着道安法师的到来，关中佛教的规模达到了空前的鼎盛。

正是由于受到首都圈里浓厚的佛教氛围的熏陶，赵整的心中逐渐萌生了出家的欲望。他期望远离尘世的喧嚣，远离政治的漩涡，在晨钟暮鼓里修行，求得究竟圆满的个人解脱。为此，他曾向苻坚提出过辞官出家的请求，可苻坚看中他的才华和人品，断然拒绝了他的辞呈。

任武威太守后，由于武威扼守着丝路的咽喉要道，他更有机会接触东来的僧人和卷帙浩繁的佛经。既然不能出家为僧，他便把精力投入到组织佛经翻译中去，以弥补无法身居伽蓝的遗憾。他虽然酷爱佛法，但可惜不懂梵文，对佛教义理也欠缺精通，所以当务之急是拜一位老师，以求传道授业解惑。恰好，这时道安法师走进了他的视野。

道安是于379年被苻坚发10万大军攻克襄阳后带到长安的。道安被安置在五级寺，他就把那里变成了译经的译场。五级寺聚集了大批来自异域的游方僧人，他们或携带梵文经书，或者口头背诵，为道安的译场提供了海量的第一手资料。这时的道安虽然年事已高，但他为使佛法能在中土广为流传，饶益众生，仍矢志不渝地从事着这项利在当代、功在千秋的神圣事业，直到六年后生命终结，一刻也没有停歇过。

赵整拜见了道安法师。志趣相投的两人一见如故，相约共赴弘扬佛法、接化后学的无尽法门。赵整加入译场的优势在于，他既是政府官员，又兼译场的监译；既凸显出朝廷对译经事业的大力支持，又能为译场日常事务提供雄厚的物质保障。

淝水大战前夜的前秦帝国如日中天，鼎盛到了极点。许多西域的高僧被前秦的繁荣昌盛和崇佛有加吸引，不远万里，纷纷来到中原。他们当中有来自罽宾的僧伽跋澄、僧伽提婆；有来自西域的佛图罗刹、鸠摩罗佛提等著名高僧，还有来自吐火罗（今阿富汗北部）的昙摩难提，他精通佛教典籍《阿含经》的教义，是这方面研究的翘楚。赵整得知他的到来，亲自登门拜访，恳请他将《阿含经》译出。昙摩难提果然不负众望，在众人的协助下，自384年夏天至来年春天，译出了《中阿含经》和《增一阿含经》共41卷。还有其他许多高僧都是在赵整"饥虚在往，求令出焉"（道安语）的精诚感召下，将自己的毕生所学、满腹经纶毫无保留地传授给了中土僧众，使大道东流，法轮相继。

然而，这些高僧们来的又不是时候。战争的乌云正笼罩在长安城头。苻坚过去的男宠慕容冲带头造反，趁前秦战败后的混乱之机，向昔日的恩公苻坚公开叫板，对长安城发起了一波又一波的攻击，城外刀光剑影，烽火连天。首都危在旦夕，译场的命运也进入了倒计时。

就是在这"黑云压城城欲摧"的危急关头，赵整、道

安等僧众凭着舍命也要弘扬佛法的强烈使命感，临危不惧，忘我劳作，冒着敌人的炮火，充耳不闻令人胆战心惊的隆隆战鼓声，争分夺秒，夜以继日地忙碌着，终于赶在破城之前译出了一大批汉地僧人翘首以盼的佛经，达 105 卷。在这种兵荒马乱的日子里不遗余力地为广大僧众抢救出如此丰饶的精神食粮实属不易。

在南北朝时期梁朝僧祐所撰的《出三藏记集》一书中，十分珍贵地保留下来道安法师为当时的 17 篇译作所作的序言，其中有五篇特别提到了赵整，对他为组织协调译经所作出的巨大贡献赞誉有加。认为他不但个人天赋极高，才华出众，虽身居高位却礼贤下士，为译经事业孜孜以求，尤其在战火纷飞之时临危不惧，处事不惊，为实现理想而将个人生死置之度外，表现出为普度众生“我不下地狱谁下地狱”的崇高人格魅力。其中有一句话是这样说的：“此年（384）有阿城之役（指慕容冲在阿房宫一带起事），伐鼓近郊，而赵整专在斯业之中。”“伐鼓击柝（tuò，古时打更用的梆子）之中而出斯一百五卷，穷通不改其恬，讵非先师之故迹乎！”意思是说，伴随着战鼓与更梆声不绝于耳，赵整初心不改，处之若素，与众人同心勠力抢译出 105 卷佛经，这不正是以实际行动践行先贤的崇高伟业吗！道安法师对赵整的溢美之词发自肺腑，充满了字里行间。

三、跟法显去西天取经的“道整”

当破城的硝烟散去之后，赵整的眼前是残垣断壁、满目疮痍的长安。“国破山河在，城春草木深。”370 多年后杜甫的诗句也正是那个时代长安城的真实写照。

国破家亡，苻坚大帝与道安法师在同一年去世。昔日熙熙攘攘的译场已成一片瓦砾，众僧人也已各奔东西。为躲避新兴政权的要挟和迫害，赵整隐居于长安东南方向的商洛山中。无官一身轻的他把名字也改了，自称“道整”，宣示自己终于冲出了世俗的藩篱，实现了多年来一心要出家为僧的愿望。为此他作歌道：“我生何以晚，泥洹一何早。归命释迦文，今来受大道。”

赵整在商洛山中隐居的15年中，除了潜心研究佛法之外，始终没有忘记自己曾是前朝的一位史官，有责任，也有必要把前秦43年风云激荡的历史真实地记录下来，把苻坚大帝的功过是非还原出来，以史为鉴，警示后人，启迪来者。他18岁入朝为官，46岁归隐山林，前半生几乎伴随着前秦帝国一起长大，他是苻坚夺权亲政、东征西讨、建功立业，继而由盛转衰的亲眼见证人。他所掌握的第一手史料最翔实、最丰富，也最具权威性。加之他天资聪颖，博古通今，所以由他来编纂国史再合适不过。

然而落魄的日子并不好过。从昔日的朝廷命官沦落到一介布衣，巨大的落差不言而喻，生活的艰辛可想而知。幸亏昔日的一位好友、冯诩（今陕西大荔）人车频，不忘旧情，经常施以援手，“助其经费”，接济时常陷入困境的赵整，才使他的生活能够勉强维持下去，有足够的精力笔耕不辍，精进修行。

时光荏苒，如白驹过隙。15年一晃就过去了。399年，当他听说一位叫法显的僧人为求佛法要去天竺取经时，再

也按捺不住自己激动的心情，毅然决然地加入了取经的行列，一路向西，让灵魂跟着脚步，到佛祖的故乡去探寻佛法的真谛。[①]

青岛崂山法显广场法显登陆雕塑

法显俗姓龚，今山西襄垣人，他是中国赴西天取经第一人。他走得最远，去的国家最多，约30个国家，前后

①参见顾伟康：《赵文业晚年行迹考》，黄夏年：《北朝佛教研究》，大象出版社2015年版，第249~261页。

历经15年，比唐代的玄奘早230年。中国历史上前后共有169人远赴印度取经，但只有42人取经回来，而归来后著书立说且流传于世者，只有法显、玄奘、义净三位法师。鲁迅先生曾于1916年花了13个夜晚抄写法显的《佛国记》，“都一万二千九百余字”。后来他在《且介亭杂文》中赞叹道：“我们从古以来，就有埋头苦干的人，有拼命硬干的人，有为民请命的人，有舍身求法的人……这就是中国的脊梁。”

当年法显一行从长安出发时，共慧景、慧应、慧嵬、道整五人，其中道整就是改名换姓、遁入空门的赵整。时年法显61岁，道整60岁，而玄奘去的时候才28岁。真可谓“有志不在年高”啊！沿途仍陆续有人加入到西行的队列中来，前后共有11人同行，但由于各种原因，有人中途返回或单独行动，有人客死他乡，最后只剩下法显和道整二人到达印度的腹地中天竺。

在印度求学近十年后，411年8月，法显只身一人乘船由海路返回中国。他在茫茫大海上漂泊了半年多，九死一生，最后终于在今青岛崂山附近沿海登陆，这时他已74岁。回国后，法显先是在东晋首都建康译经，五年后为远离刘宋王朝的政治漩涡，溯长江西去荆州辛寺修行，在此写出了记述他西行求法经历的《佛国记》，成为蜚声中外的历史地理文化名著。420年法显在辛寺去世，世寿82岁。道整没有与法显一起回来，他独自一人留在了印度。

法显和道整二人是在403年到达印度腹地的。他俩跋山涉水，踏破芒鞋，终于来到号称“中国”的中天竺，即今天印度的北方邦和比哈尔邦，成为历史上真正踏上印度土地的伟大先行者。二人边寻访佛陀圣迹，边探访善知识，终于来到华氏城，即印度比哈尔邦首府巴特纳。这里曾经是佛陀时代摩揭陀国的都城，后来孔雀王朝和笈多王朝也建都于此。华氏城周围200公里范围内遍布着众多的佛教圣迹：它的南面是佛陀成道处菩提伽耶，东南方是那烂陀和王舍城、灵鹫山；西面是佛陀初转法轮处鹿野苑；北面过恒河不远处是吠舍离，真可谓是龙象腾骧之地。

殊胜的自然环境和浓郁的宗教氛围深深地吸引着这两位不远万里、来自异国他乡的求法高僧。尤其是道整，看到此地僧行有序、教规严谨而感慨万分。这里的佛门清规与家乡相比差异很大、虽说佛教已传入中国300多年，但律法的进一步完善仍是一个亟待解决的问题，它成了阻碍佛教僧团健康发展的痼疾，也是许多像道安那样的高僧大德的共同心结。

佛教的“戒”是为了避免僧人个人做错事而制定的某些规矩，“律”是为了维护僧团的集体秩序而制定的生活规则。佛门中有专门研究戒律的门派，称为“律宗”，我们经常提到的唐代的道宣，因他常年隐居在终南山中精修佛教律法，被称为“南山律宗”的开山鼻祖。近代充满传奇色彩的弘一法师则是南山律宗的第十一代祖师。

法显所处的那个时代随着出家人越来越多，僧团的规模越来越大，约束僧人日常行为的戒律的重要性就越发凸显出来。比法显稍早的道安法师一直就对中土缺少完善的戒律可依而耿耿于怀，平时非常留意对佛教戒律文本的寻访，每当听说在律法上有造诣的僧人到来，便虚心求教，央求人家将戒律早日译出。与道安法师感同身受的法显，万里投荒，远涉印度，其终极目标也是为了寻求戒律，以济中土佛教所急需。他在《佛国记》卷首开宗明义就说：“法显昔在长安，慨律藏残缺，于是遂以弘始元年岁在己亥，与慧景、道整、慧应、慧嵬等同契，至天竺寻求戒律。”其远涉流沙、西天取经的动机在此交代的再明白不过了。

道整能与法显成为“同契”，即“同志”，二人交集的因缘也是因为“戒律”。《高僧传》说道整“后遁迹商洛山，专精经律”。法显在《佛国记》中记述：“道整既到中国（指中天竺），见沙门法则，众僧威仪，触事可观。乃追叹秦土边地（指关中一带），众僧戒律残缺。誓言自今已去，至得佛愿，不生边地，故遂停不归。”透露出道整到了印度如入珠宫贝阙，目不暇接，发誓再也不回中土了。法显则怀有强烈的弘法使命感，一心惦念着“本心欲令戒律流通汉地，于是独还”，顾影自怜，一个人颠沛流离地从海上归来。历经九九八十一难，不但人回来了，还带回了大量佛教经典，其中就有讲述佛教戒律的《摩诃僧祇律》40卷，“海归”后与天竺僧人佛陀跋陀罗联袂译出，填补了中国佛教戒律残缺的空白，对中国佛教的规范化发展产生了巨大的影响。270多年后，唐代的高僧义净由海路去印度取经，其目的也是为了寻求佛教戒律。由此可见，“戒律”在高僧大德们的心中占有多么重要的位置！

道整在印度滞留不归，有他个中的缘由：从兵荒马乱的中土来到繁花似锦的印度，身边到处萦绕着浓郁的宗教

氛围，巨大的反差让他仿佛觉得这里才是人间净土。他曾经效劳的国家与君王都已成过眼烟云，自己也由地位显赫的高官沦落成亡国奴，尊严已失，无颜再见江东父老。再说已近垂暮之年，孑然一身，无儿无女，“赤条条来去无牵挂”，回去干啥？对此，新加坡佛学院顾伟康教授认为，从个人的性格而言，赵整刚正不啊，做事认真，对九五之尊的苻坚，他敢于直言讽谏。明知路途遥远，艰险万分，但还是毅然前往。不回故国，终老异乡的决心，不是那么容易下的，而他一旦认定了目标，就断然留下。作为一个有着深厚学养的文人，作为一个精通佛理的佛教徒，道整感悟之深刻和悲凉，旁人无法体会，这应当是道整誓愿“不生边地”的深层原因。①

四、赵整留给后人的历史记述

至此，我们已粗线条地描述了赵整和法显，对他们不平凡的人生经历有了一个大概的了解。还记得我们前面提到过的、战后赵整曾隐居在商洛山中著书立说一事吗？他耗费心血所写的最重要的一部史书，就是他曾经效忠过的前秦的国史，史称《秦书》，忠实地记录了前秦 43 年的天下兴亡，荣辱兴衰。但遗憾的是，这部书并没有最后写完，他把手稿寄存在经常资助他的好友车频那里，自己跟着法显到西天取经去了。

417 年，东晋大将刘裕入关，灭掉后秦国。三年后，他取代东晋称帝，建立了刘宋王朝，拉开了南北朝的历史序幕。424 年，刘宋政权派凉州刺史吉翰赴仇池（今甘肃陇南西和

①参见顾伟康：《赵文业晚年行迹考》，黄夏年：《北朝佛教研究》，大象出版社 2015 年版，第 261 页。

县）探访氏族是如何发迹的。仇池是杨姓氏族人的老家，而苻坚一族的苻氏氏族的故乡在略阳，它们都位于今甘肃天水市一带。吉翰到仇池转了一圈，两手空空，一无所获。正当他愁着回去没法交差之时，恰巧遇上了同为冯翊（今陕西大荔）人的老乡车频，听说车频手里竟然有赵整留下的前秦第一手史料，喜出望外，真是应了那句老话："踏破铁鞋无觅处，得来全不费工夫。"然而馅饼虽大，可还差点火候。赵整留下的史料属于手稿一类，资料零星散落，章节顺序错讹，"年月失次，首尾不伦"（《史通》）。拿这种半生不熟的东西向皇帝交差可不行。怎么办呢？吉翰灵机一动，点拨车频说：都二十多年过去了，赵整音讯全无。他当年写书全靠你的资助，这功劳也有你的一份，你何不亲自把它整理成册，署上你的大名，不就顺理成章地成为你的大作了吗！在权势的威逼利诱下，车频这位不通笔墨的门外汉被赶着鸭子上架，硬着头皮闭门造车，把赵整的手稿整理了出来，分为三卷，定名《秦书》。[①]

由于该书的史料大都是赵整在朝为官时的亲历亲为、亲眼所见，故属于不可多得的第一手资料，具有很高的史学价值。但是前秦在汉族人的眼中属于"伪政权"，加之它存续时间太短，所以前秦的历史不太受汉族统治者的重视，后来就在历史的长河里慢慢湮灭了。稍晚于赵整，北魏的地理学家，同时也身为政府官员，曾当过青州刺史的郦道元，在他所编著的《水经注》一书中曾引用过这本书，说明在他那个时代《秦书》仍存于世，郦道元曾亲眼看到过这本书。那赵整的记述究竟和我们这本书有何关联呢？

①参见（唐）刘知几：《史通》白云译注，中华书局2018年版，第580页。

且看郦道元在《水经注》中所引用《秦书》的记载："苻坚时，沙门竺僧朗，常从隐士张巨和游，巨和常穴居，而朗居琨瑞山，大起殿舍，连楼叠阁，虽素饰不同，并以静外致称。"[①]张巨和就是张忠，前面我们曾经提到过的那位被苻坚用安车相请的著名的泰山道士。这是关于竺僧朗、张忠的最早的历史记载。能入赵整的法眼，值得他在煌煌前秦国史中留下浓重的一笔，定非常人。如他所述，一个住在亭台楼阁里的和尚与一位住在山洞里的道士怎么会成为莫逆之交呢？就让我们拨开历史的层层迷雾，去解开这道千古谜题吧。

青岛崂山法显广场《佛国记》浮雕

①参见（北魏）郦道元：《水经注》，陈桥驿注释，浙江古籍出版社2013年版，第109页

第七章 志同道合 再创辉煌

张巨和，也就是张忠，是一位历史名人。何以见得？中国最权威的史书，二十四史中的《晋书》，专门为其辟有章节详加介绍，可见此人非同一般。

张忠是中山（今河北定州）人。西晋末年永嘉之乱时，为躲避战乱，他在 35 岁左右隐居于泰山之阴，也就是现在的济南长清区张夏镇一带的大山中，开始了他 60 多年练功修行的传奇生涯。

一、张忠的功夫

张忠修炼的是道家的功夫。让我们依据《晋书》的记载，从衣、食、住、行等方面来认识一下这位“高道”的道行。

（一）衣

张忠的穿着非常简单，有点像丐帮的帮主。他冬天穿的是用粗麻乱絮做成的粗劣御寒衣“缊袍”；夏天则披着用葛藤枝条编织的“带索”来遮体，有点像南太平洋岛国原住民的那副扮相。习惯了这身“行头”的张忠后来被苻坚请到长安，面对天王赐给他的一身官服说什么也不肯换上，坚持穿着自己的便装觐见皇上。好在苻坚宽容大度，求贤若渴，并不介意张忠的执拗，尊重了他的选择。但等他死后却由不得他了，硬生生地把那套官服从头到脚给他扮上，他再也不会拒绝了。这对于一位毕生追求清虚服气的道人来说真是一个巨大的讽刺！

（二）食

炼丹术是道家的独门绝技，目的是制作长生不老药。炼丹所用的主要原材料是丹砂，即朱砂，它的主要成分是汞。朱砂矿经常和黄金矿共生。朱砂加热后可生成水银，而水银则可溶解黄金，形成一种叫作“金汞齐”的液体。如果把这种液体涂在器物的表面，待水银自然蒸发后黄金就会留在原处，这就是“鎏金”技术。汉代的方士们认为用鎏金器皿来吃饭比用纯金做的更能益寿。这种时尚一经汉武帝的御用方士李少君的推崇，曾风靡一时。

张忠这位“高人”是用什么来吃饭呢？他并没有附庸风雅，也没有条件来附庸风雅，而是道法自然，在大山中“凿石为釜”，用山石凿成锅，称“石锅”，开“石锅拌饭”之先河。日常饮食所用的器物则“食用瓦器”，用的是粗瓷大碗。村民施舍的食物“一无所受”，全靠自食其力，自给自足。除了五谷杂粮、山菽野菜外张忠还像天下所有的道人那样服食行气：“清虚服气，餐芝饵石。”“餐芝”即采食灵芝等具有延年益寿功能的中草药来强身健体，除灵芝外还有茯苓、天门冬、麦门冬、黄精、玉竹、枸杞、苍术、菖蒲等。据晋代葛洪《抱朴子·内篇》讲，灵芝类分五种，它们分别是石芝、木芝、草芝、肉芝、菌芝，其中木芝中的黄庐子、寻不华、玄液华三个品种如果“得而服之，皆令人寿千岁”。这些特殊的灵芝主要生长在泰山的“要乡及奉高”，“要乡”即神通寺南面20公里处的“药乡国家森林公园”，“奉高”即泰山东18公里原泰山郡治所在地，这两处产灵芝的地方都离张忠隐居的地方不远。“饵石”即服用矿物类药物，主要是钟乳石、白云母、紫石英等矿物。其中钟乳石在《神农本草经》中被列为“上品”，具有“明目益精，安五脏，通百节，利九窍”的功能，尤为道家视作延年益寿的妙药。

（三）住

张忠常年住在山洞里。其居依崇岩幽谷：“凿地为窟室，弟子亦以窟居。”《秦书》也记载“巨和尝穴居”。张忠曾经住过的地方位于今济南长清区张夏镇西野老村附近的山中。当年他在这一带修行时对附近的村民谦称自己是“穷山野叟”，故这里的村庄就以“野老”称名。现有两个自然村：东野老村和西野老村。西野老村西面

西野老村后面连绵的群山就是当年张忠修行的洞天福地

的山谷中有一处天然溶洞，称“隐仙洞”，传说就是张忠当年住过的地方。明朝初年，著名道人、武当派祖师张三丰曾特意到泰山一带寻访过张忠的遗迹，并写有《山中寻张忠高隐处有作》诗一首，诗曰：“岩栖谷饮旧家风，今我寻翁不见翁。仙草一声发长啸，白云飞在泰山中。”[①]

（四）行

张忠平日里生活非常简单朴素，“无琴书之适，不修经典”；“清虚服气，修道养之法”。他教授弟子的方法更是与众不同：他从不用语言来授业，只做形体动作让大家观看，看明白了你就照着做就行。其实，这种做派很契合老庄哲学的要义。老庄哲学认为，语言并不能反映出世界的本质，更不能代表真理。真理一旦用语言说出来，就失去了它的真实意义。所以真正的道理是很难用语言来表达的。故老子讲：“知者不言，言者不知。”庄子说：“道不可言。”这些话都表达了一个意思：语言描述不出真理。[②]

他练功的姿势“端拱若尸”，练的是一门静功。“尸”的原意在先秦时期是指祭祀时充当代表死者的偶像人物，后来被“牌位”所替代。成语“尸位素餐”就是指这种只需端坐在那里，无所事事、白吃白喝的人。按照晋代葛洪的说法，学道练功要做到恬淡虚无，摒除杂念。内观脏腑，“尸居无心”[③]。葛洪所说的“尸居无心”与张忠练功时的“端拱若尸”是同一个道理，均是指练功的人要做到像装扮神主的“尸”那样心无旁骛、专心致志。当然，道家练功并非单纯强调要机械地“呆若木鸡”那样傻站在那里，

①参见（清）李西月重编：《张三丰全集》，盛克琦、芮国华点校，华夏出版社2017年版，第207页。

②参见林欣浩：《佛祖都说了些什么》，长江出版社2018年版，第29页。

③参见（晋）葛洪：《抱朴子·内篇》，张松辉译注，中华书局2011年版，第46页。

而是要形神双修，外练“站如松”，内练呼吸吐纳之术。按照葛洪的说法，气功练到一定的高级阶段，会进入所谓的“胎息”状态。“胎息”即胎儿在母腹子宫中的呼吸，用的不是口鼻，而是通过脐带与母体共同呼吸。葛洪曾说：“其大要者，胎息而已。得胎息者，能不以鼻口嘘吸，如在胞胎之中，则道成矣。”①

实现“胎息”的服气方法，大抵就是吸气、尽可能长时间地屏住气，再极轻微地呼出气这么一个反复训练的呼吸吐纳过程，每次的呼吸动作力求极轻极微，以尽量不让口鼻端的羽毛飘动为度。在做呼吸吐纳的过程中再配合两眼望鼻尖以集中注意力，平复自己的内心，默数呼吸的次数，然后“闭息内观，内视五脏，纳心丹田”（苏轼语），让屏气的时间越来越长。练到一定的境界时，就会进入一个忘我的境地，突然感觉到自然之气与人体之气在汗毛孔中交流。这实际上是一种意念导引法，一种高级气功态，赖此以增强体质，抵御外界各种邪气的入侵。苏轼就十分推崇这种气功训练法，他认为，“养生之方，以胎息为本”，能够使人体“内守充盛，血脉流通，上下相灌输，而生理备矣”，从而达到修炼人体之精气、延年益寿的目的。②

张忠的道家功夫早已炉火纯青，造诣匪浅。他练功时“端拱若尸”，其实就是达到了“胎息”状态，如此以来才会在看热闹的外行人眼中看起来他就像僵尸那样挺立在那里。可又有谁知道，他年届百岁时，耳聪目明，精神矍铄，仙风道骨的形象绝对不是他在苻坚面前所表

①参见（晋）葛洪：《抱朴子·内篇》，张松辉译注，中华书局2011年版，第253页。

②参见苏颖：《苏沈良方研究》，人民卫生出版社2019年版，第165页。

现出的“年衰志谢”，那只是为了婉拒苻坚让他出来做官而装出来的一副可怜兮兮的样子。

张忠的修为与他同时代的王嘉有些相似。当年苻坚没能留得住张忠，心有不甘，又打听到终南山中也有一位隐士王嘉，与张忠一样“不食五谷，不衣美丽，清虚服气，不与世人交游”，“凿岩穴居，弟子受业者数百人，亦皆穴居”。苻坚也是三番五次地请他出山，他均坚辞不受。直到苻坚穷途末路之时，他明知不可为而勉为其难，出山辅佐，与道安一起在苻坚的寝宫中日夜值守，以便随时咨询。然而前秦的气数已尽，任谁都回天乏力了。

天长日久，附近的村民都知道张忠不是一般的人，道行很深，就经常向他请教水旱年景等农民切身关心的一些问题，可得到的答复总不外乎“天不言而四时行焉，万物生焉。阴阳之事，非穷山野叟所能知也”的答非所问的含糊之词。言外之意，天行有常，老天爷自有他的运行规律，人力不可为，未来不可知，一切顺其自然。一看这就是老子所倡导的“道法自然”哲学思想的传承。“劝教但以至道虚无为宗”，传道授业解惑始终不离“虚无”二字，凸显出“大象无形、大音若希”的道家意境。正如葛洪所说：“以芳林为台榭，峻岫为大厦，翠兰为细床，绿叶为帷幕，被褐代衮衣，薇藿当嘉膳。”

二、“林下之契”

张忠约 35 岁避难泰山隐居修行，在山中度过了 60 多个春秋。大约在他 75 岁之时，僧人竺僧朗同样也是为了躲避战乱来到了泰山之阴，其时竺僧朗也正值二三十岁，年轻有为，才华横溢，在泰山一带已小有名气。

竺僧朗带领僧众披荆斩棘所建的朗公寺距离张忠的住处大约45公里，有崎岖的山路盘旋而至。1600多年前，在这条蜿蜒的小路上，经常可以看到一位风尘仆仆的僧人匆匆赶路的身影，他就是竺僧朗，不辞辛苦地长途跋涉去拜访他的老朋友张忠。

二人坐在山脚下一片茂密的柏树林中敞开心扉，谈天说地，纵古论今，年龄的差距并没有形成他们之间心灵交流的代沟。别看张忠平日里少言寡语，惜字如金，但和竺僧朗在一起时却是无话不谈，谈笑风生。两人都是性情中人，惺惺相惜，相见恨晚。执着的宗教情操和不畏艰险、永不退让的进取意识让二人的这段忘年之交在这清风徐徐的树林中演绎出“林下之契”的千古佳话。

纵观世界宗教发展史，不难发现一个普遍的规律，那就是不同的教派之间都具有排他性。佛教初传中国时，与中国土生土长的道教之间的矛盾一开始就非常尖锐，并且伴随了中国古代社会的整个过程，形成了势不两立的两大阵营。

东汉永平八年（65），汉明帝刘庄夜梦金人从西方翩然而至，有大臣告诉他这就是西天的佛陀托梦，可保佑他福祚绵延，于是他立马派出使者出使西域求取佛法。两年后，西行求法的使者不仅带回了流传汉地的第一本佛经《四十二章经》，还带回来两位印度高僧摄摩腾和竺法兰。为了安置这两位高僧，汉明帝又在首都洛阳的东郊为他们修建了白马寺，因为他俩是以一匹白马驮经而来中土的，故以此命名。虽然佛教传入中国的时间可能比这还早，但后来的史书一致公认“白马驮经”就是佛教正式传入中国的开端。

据唐道宣所撰《集古今佛道论衡》记载，来自印度的两位高僧在白马寺立足后，中土的道人很不服气，认为当今皇上被外来的“邪教”迷了心窍，本末倒置，“人主信邪”，宠信“胡神”，其教义与华夏文化丝毫不沾边，导致“正教失踪，玄风坠绪”，于是纷纷上表要求与佛教徒一较高低，一则为了“圣上意安”，二来“得辨真假”，三来“令大道有归”，四则为了“不乱华俗”。如果比试赢了，则请皇上将佛教逐出中国，如果输了，则任打认罚，随皇帝处置。汉明帝答应了道士们的请求，定于永平十四年（71）正月十五日在白马寺斗法。

比试这一天，道士们在白马寺里设了三座道坛，将上百卷道家经典置于坛上，对观众宣称这些道经经过千锤百炼，能够遇火不焚。可搁在火上一试，都燃成了灰烬。看到此情此景，道士们“相顾失色，大生怖惧，将欲升天隐形者无力可能，禁效鬼神者呼策不应，各怀丑态”。南岳道士费叔才当场气死。再看佛教徒：摄摩腾腾空而起，趺坐空中，大显神通。顿时天花乱坠，法雨缤纷，梵音鼓荡，众人哪曾见过这般阵势！（其实了解了佛图澄的本事就不会对此大惊小怪了）竺叔兰则虔诚礼敬诸佛，赞叹如来，开示佛法，弘传真谛。那些从来没有听说过的新鲜的名词和教义令在场的无数观众为之倾倒折服，许多人当场就皈依了佛门。

在今天看来这段离奇的经历完全是虚构的，明眼人一看就知道这是佛教徒为了抬高自己、贬低道家而编造的荒诞故事。可从中人们仍然可以嗅出浓浓的火药味儿：佛教传入中国后一开始就与道教水火两不相容。二者的冲突与对抗贯穿了之后中国历史的始终。

为了维护佛教的权威和尊严，驳斥道教徒的恶意诋毁与中伤，梁武帝时代的僧人僧祐编纂了《弘明集》一书，共 14 卷，约 14 万字，收录了自东汉至南朝齐梁时代 500 年间的各类护法文章共 186 篇，从不同的角度反映了那一时期佛教的基本教义、传播状况以及佛教与儒家、道家等本土文化的激烈碰撞与包容借鉴。到了唐代，随着资料的不断扩充，道宣法师又在此基础上编纂了《广弘明集》，内容扩大至 30 卷、45 万字，收录东汉至唐初有关佛学的各类文章 280 多篇。在以上两部佛教护法巨著中所包含的佛教与道教激烈抗辩的文章就各占了 1/3 的篇幅，可见佛、道之间的矛盾是多么的尖锐。

其实上面所说的这些只不过是一些笔墨官司，打打口水战而已。真正要人命的是发生在北魏太武帝拓跋焘当政时殃及全国的大规模兴道灭佛运动。拓跋焘是北魏的第三任皇帝。起初他和他的爷爷拓跋珪、父亲拓跋嗣一样信奉佛教。但权倾朝野的三公之一、大司徒崔浩为了实现自己的政治理想[①]，极力劝说皇帝改信道教。他还从嵩山迎请了一位有名的道士寇谦之推荐给拓跋焘，很受拓跋焘的赏识，不久就被奉为国师。440 年，拓跋焘为

①崔浩是汉族人，出身于清河（今山东武城）名门世家。像前秦的王猛那样富有文韬武略，为北魏的头三任皇帝平定北方立下了汗马功劳。他虽然推崇道教，但却鄙薄老庄。有人说他的政治理想是促使鲜卑族早日汉化，还有人说他身在曹营心在汉，暗中偏袒南朝的汉族政权。更有甚者有人诬他谋反。后世众说纷纭，到现在也没有弄明白他的人生终极目标到底是什么，看来只有他自己最清楚。

了向世人昭告他要尊道教为国教，竟然把年号改为充满道教意味的“太平真君年”。两年后，拓跋焘又亲自登上道坛，接受寇谦之授予的道教徒身份认同的标识——符箓，正式承认自己是一名道教徒。同时这也宣告佛教徒的丧钟已经敲响。

446年，也就是拓跋焘接受符箓的四年后，他在崔浩的撺掇下，下令在全国范围内全面禁佛：所有的寺院和佛像都必须捣毁；所有的佛经都必须烧掉；所有的僧人无论老少统统都必须坑杀。幸亏平素笃信佛教的太子拓跋晃故意走漏风声，一再拖延这一圣旨的下达，才使无数的僧人得以及时藏匿或逃出生天，使众多的佛像和经书得以迅速地瘗埋或收藏。但寺院等地上建筑大都被摧毁。这段令佛教徒惶惶不可终日的恐怖岁月长达八年之久。当时就连道教的最高领袖寇谦之都看不下去了，他奉劝崔浩不要做得太绝，谨防来日会遭报应——果不其然，灭佛令颁布四年后，崔浩就因编修北魏的国史不慎揭了鲜卑人的短而触怒了鲜卑贵族，他们纷纷上书拓跋焘，要求严惩汉人崔浩，以儆效尤。最后拓跋焘毫不留情地处死了崔浩，并夷灭九族。

这是中国佛教史上的第一次大法难。另三次分别是由周武帝（南北朝北朝最后一个国家北周）、唐武宗和后周世宗（赵匡胤就是从他儿子的手中夺权才建立了宋朝）肇始的，合称“三武一宗灭佛”。

佛道相争的历史悲剧并没有在我们的主人公身上发生，他们俩秉持和而不同、相互包容，兼容并蓄的君子

之风，演绎了一段绿水青山间佛道两家友好往来、和谐相处的千古佳话。二人虽宗教信仰不同，但在传统文化的语境中他们却有着共同的认知。根据易中天的说法，道教脱胎于“方仙道”。古人企求成仙的方法和技术就叫“方术”，掌握这门独门绝技的人则称为“方士”，这门专业就叫“方仙道”。方仙道主要包括服食和行气等主要内容，还包括占星、历算、占卜、命相、堪舆等，差不多将中国古代的国粹照单全收。[①]在这方面竺僧朗虽然是一位虔诚的佛教徒，但他的国学底子深厚，在星占、历算、占卜等方面丝毫不输于道家，这已经得到了六位帝王的一致认可和历史事实的充分验证，所以他和张忠在许多方面都具有共同的语言，使得他们的“林下之契”能够一直维系下去。其实，佛教和道教有许多相通的地方，佛道都讲究出家修行，佛教要求定慧双修，道教讲究性命双修；佛教讲禅定，道教讲守一；佛教讲四大皆空，道家讲清静无为；佛教追求涅槃，道家企盼羽化，二者何其相似乃尔！[②]

反观张忠，他虽是道士，但对佛教并不排斥。据《高僧传》记载，蓝田人释道恒9岁时在路边玩耍，被张忠看见，张忠感叹说：“此小儿有出人之相，在俗必有辅政之功，处道必能光显佛法。恨我老矣，不得见之。”张忠是在354年，他80岁时说这番话的。后来释道恒果然出类拔萃，成为鸠摩罗什译经的得力助手，还被后秦皇帝姚兴看中，逼令还俗。但道恒拒不答应，躲进了深山。由此透露出张忠其实会看相，他对道家的那些看家本领

①参见易中天：《易中天中华史·南朝,北朝》，浙江文艺出版社2016年版，第119~121页。

②参见易中天：《易中天中华史·南朝,北朝》，浙江文艺出版社2016年版，第126~127页。

门清得很，只不过平日里守愚藏拙，少言寡语，表现出一副万事不关心的样子。要是没有点真功夫，苻坚也不会大老远的专门派安车来接他进京，还当面夸奖他“研精道素”，授予他“尚父”的至高荣誉。另外，张忠预言道恒将来能够“光显佛法”，说明他对佛教持一种包容开放的胸襟。他以“和而不同”的眼光看待另类教派，所以才能够成就他与朗公的风云际会。

在如今的西野老村，现存一口古井，名为“野老井”，传说系张忠所挖。村旁原有十几棵粗壮的柏树，树龄都在千年以上，传说是当年张忠所植，比村南面灵岩寺的柏树的历史还要悠久。虽然竺僧朗创建了朗公寺，随着寺院规模的不断扩大，僧朗也从金舆山的山洞中搬到了寺院里那些“连楼叠阁”中，而张忠则始终住在洞穴里，但这些外在的条件并没有成为二人心灵相通的屏障。正如《秦书》所说：“虽素饰不同，并以静外致称。”

野老井

灵岩古柏

三、生死诀别

377年左右，前秦天王苻坚迎请张忠的安车从长安来到了泰山脚下。年届百岁高龄的张忠对弟子们说：“我这把老骨头也活不了几年了，承蒙当今的圣上这么看得起我，盛情难却，我只好走一趟了。”然后香汤沐浴，缓步登车，挥手告别前来送行的弟子和朋友，再看一眼朝夕相伴的群山林壑，依依不舍地向西而去。

佛家与道家都有强烈的社会责任感和担当意识，只不过表现形式有所不同而已。佛教重在普度众生，救拔群氓；而道家推崇修身齐家治国平天下，其上士是道家推崇备至的“真人”：入世可治国兴邦，出世可独善其身，得道成仙。张忠就是在这种传统的道家观念驱使下才离开山林，远赴帝京的。或许他以为苻坚只不过想找他讨要一些道家的长生不老之术，可没想到苻坚竟然要尊他为“尚父”，这远远超出了张忠的预期，所以他坚辞不受，说什么也要回泰山。没成想刚走到华山脚下就“羽化成仙”了。

竺僧朗无数次徘徊在泰山西北岩，他和张忠经常谈天说地的山林之中，眺望着西方的天际线，期盼着老友张忠的消息。

然而张忠再也回不来了，他就像西方天际那抹灿烂的晚霞一样，慢慢地消失在夜幕之中。“昔人已乘黄鹤去，此地空余黄鹤楼。黄鹤一去不复返，白云千载空悠悠。”唐朝诗人崔颢的诗句，正是当年竺僧朗那怅然若失心情的真实写照。

千金易得，知音难觅。那山谷中啾啾的鸟鸣、阵阵的花香，低吟的松涛、潺潺的溪水无不让他触景生情，勾起他对往日二人林间漫步、探讨人生真谛美好时光的追忆。

为了见证他们的友谊，为了铭记这段难以忘却的因缘际会，同时也是为了弘扬佛法，实现张忠佛、道和谐相处的夙愿，在他曾经长期生活过的地方建一处寺院就是对他永志不忘的纪念。

如前所述，张忠生前不但道行高远，对佛法也并不排斥。他经常请远道而来的竺僧朗在此地开示佛法。据传说，一次竺僧朗讲到精彩之处，山石竟为之点头。大家看到后都十分惊讶，僧朗听到后笑着说：“此山灵也，为我解化。他日涅槃，当埋此处。”这就是“灵岩”的由来，“灵岩寺”也因此而得名。

四、创建灵岩

灵岩寺位于济南长清万德镇，泰山的西北麓，东距朗公寺直线距离20公里，往北穿过一条山涧“一线天”就是张忠隐居的西野老村。

灵岩寺

与朗公寺一样，这里也是一处绝佳的风水宝地：地处泰山之阴，群山环抱，东西长约10公里，南北宽约5公里。周围峰峦起伏，苍松翠柏，飞泉叠瀑，溪水环流。山谷向西开口，面向“官道”即今天的104国道，兼有幽僻宁静与交通便利的优势。

僧朗在此选址建寺既是为了追思故人，又考虑到兵荒马乱的日子暂时已经过去，世道已不是二三十年前他初来乍到之时那样动荡不安。那时战乱频仍，避之唯恐不及，藏身之处越隐蔽越好。如今苻坚统一了北方，天下太平，社会安定，条条大道通长安，这更有利于寺院的建设和广大僧众的出行。另一个不可忽视的原因是他的师傅佛图澄曾涉足过这里。据元代于钦所著《齐乘》记载，灵岩寺“乃佛图澄卓锡之地”。能入老师法眼的地方肯定错不了。所有这一切都促使竺僧朗下定决心，老骥伏枥，用他的余生再干一番轰轰烈烈的事业。

竺僧朗所建的灵岩寺比他之前所建的朗公寺气势更加恢弘。当初建朗公寺时一穷二白，白手起家。而如今上有众多帝王的大力资助，下有无数檀越的慷慨施舍，财力丰饶，人手众多，与当年的境况不可同日而语。尤其是后期南燕皇帝慕容德大笔一挥，下令把今泰安、长清的部分赋税直接划拨给朗公使用，使得建寺的规模和进度得到了极大的提升。对此《高僧传》是如此描述的：“忠（指张忠）后为苻坚所征，行至华阴山而卒。朗乃于金舆谷琨仑山中别立精舍，犹是泰山西北之一岩也。峰岫高险，水石宏壮。朗创筑房室，制穷山美。内外屋宇数十余区，闻风而造者百有余人。”由此我们可以读出，建寺的时间应是在张忠被苻坚征召，卒于华山之后的378年左右；建寺的地点是在泰山的西北麓，与今灵岩寺的方位相符。而朗公寺则位于泰山的东北方。它所透露出的信息准确无误地表明这处“另立的精舍”就是指灵岩寺。唐代道宣的《续高僧传》也曾记载：“燕主（指南燕皇帝慕容德）以二县民调用给予朗，并散营寺，上下诸院，十有余所；长廊延袤，千有余间。三度废教，人无敢撤。”

从“燕主”可知，这是公元400年之后、慕容德在山东青州正式登基做南燕皇帝后所发生的事。由此可知，以上所提到的大兴土木的基建项目主要就是指创建灵岩寺的工程，而朗公寺早在351年开建，二三十年前就已经竣工了。

对于《续高僧传》中所描述的庞大的寺院规模，有作者指出：“并散营寺”显示出其分布的特点，即泰山僧团所属的“上下诸院”并不集中，是分散多处的；“长廊千有余间”是“延袤”的总计，并非是一个具体的数字。[1]僧传中所描述的是朗公所建寺院的总括，并非单指朗公寺或灵岩寺，还包括以朗公寺为中心，其南面的玉泉寺、西北方的四禅寺和衔草寺等，以及灵岩寺周围早已废圮的华严寺和神宝寺。它们之间的直线距离均超不出20公里。

佛教寺院的上下院制度由来已久，它是佛教僧团的重要组织架构。这从唐代高僧义净所著《南海寄归内法传》一书中可窥一斑。

义净是从神通寺走出去的佛门龙象，他是中国三大求法高僧之一，也是四大译经家之一。他的出生地就在济南长清的张夏镇。义净出身于历代仕宦之家，他的高祖曾任齐州郡守。义净7岁时进入齐州城西40里的土窟寺成为一名小沙弥。据徐北文先生考证，按照义净“共诣平林，俯枕清涧”的描述，土窟寺应该位于济南以西玉符河畔一带，而义净在他的书中同时提到的“四禅寺”则位于他的老家，今济南张夏镇土屋村，现存遗址仍有少量地上建筑及古柏一株，寺后北山依石壁建有义净的

①参见刘慧：《泰山佛教史》，山东人民出版社2018年版，第228页。

真身舍利塔，形同四门塔。根据李清照的丈夫赵明诚在《金石录》中的记载，寺中曾立有唐中宗李显为褒扬义净所作的《大唐龙兴三藏圣教序》石碑，现已无存，但所幸文字至今还保存在义净所译《金光明最胜王经》中。

义净的家乡，长清张夏土屋村四禅寺遗址

义净20岁在神通寺受具足戒后游学洛阳、长安，参访良师益友，探寻佛法义理。后来受到玄奘西天取经传奇经历的鼓舞，遂于672年自广州乘船由海路赴印度深造。674年，到达佛教的最高学府那烂陀寺，在那里留学11年，超过了玄奘在那烂陀寺留学时间的一倍。687年学成回国，仍由海路东返，历尽艰辛，辗转数年，于695年抵达洛阳。“西行二十五载，历三十余国”，带回佛经近400部，50余颂。

义净“海归”后女皇武则天亲自到洛阳城外迎接，敕封他为“大唐三藏法师”。之后义净先后在洛阳的佛授记寺、大福先寺和长安的西明寺、大荐福寺翻译佛经，共译经56部、230卷，还撰写了有关佛教律例及海外游记等方面的多卷专著，其中《大唐西域求法高僧传》和《南海寄归内法传》两部书早已成为蜚声海内外的历史地理名著，被译成英、法、日文出版。

西安的小雁塔就是唐中宗李显应义净的请求，为保存义净从印度带回来的佛经而专门在荐福寺里修建的。713年，义净就在这里示寂，世寿79岁。

义净在《南海寄归内法传》卷一“食坐小床”一节中说：在印度，僧人们进食时都坐在自己的小坐榻上，榻高约七寸，一尺见方。而在中国的寺庙里，大床榻高二尺多，这就违背了佛教徒不坐“高广大床”的戒律。可是在他的老家，灵岩寺和四禅寺所用的禅床高为一尺，这是从祖辈延续下来的传统，基本符合律制的要求，说明前辈古德的行化堪称楷模。义净所称的“古德”就是指朗公。在同一本书里他特别赞扬了“朗禅师乃现生二秦之时，扬声五众之表。分身受供，身流供者之门”。从以上描述我们不难看出，义净特意将他家乡的这两座寺院拿出来作为例子，来比较中国和印度佛教教规的异同，并由此肯定了灵岩寺和四禅寺的寺规符合佛教诞生地的规矩。这也从一个侧面透露出这两座寺院与神通寺的关系：神通寺是祖庭，而灵岩寺、四禅寺是下院，朗公则可以在上下诸院“分身受供”。正是因为义净是神通寺的法嗣，所以他这位阅尽天下佛寺无数的高僧才会拿灵岩寺和四禅寺来说事。

义净与玄奘虽然都是唐初赴西天取经的一代高僧，但似乎玄奘的名气要大一些，在民众中的知晓度更高一些。究其原因，是因为有人认为义净为武则天做女皇提供了一些佛教理论上的支持，后来又成了武周政权的“国师”，所以招致后人的非议。当年赵明诚在四禅寺所见到的唐代石碑侧面记载了“则天尝得玉册，上有铭 12 字，朝野不能识，义净能读。其文曰：‘天册神皇万岁忠辅圣母长安。’”赵明诚认为：“余尝谓义净方外之人，而区区为武后称述符命，可笑也。”[①]这就成了后世诟病义净附炎趋势的把柄。其实如果仔细读过义净的《南海寄归内法传》中他对亲教师善遇法师的描述（详见本书第四章），就会知道善遇法师是一位博闻强记、旁睇百家的“全才”，他“所制文藻及《一切经音》，并诸字书，颇传于世。每自言曰：‘我若不识，则非是字’”。善遇法师临终前，把他的著作和藏书都化成纸浆做成了两尊金刚塑像，唯独把《说文解字》等字书留给了义净，嘱咐他要认真研读。既然他的老师对各类文字了然于心，那日后义净能够轻松地辨识出玉册上的古文字也就不足为奇了。另外，武则天为了当女皇肯定事先作足了各种舆情方面的准备，如同历代皇帝登基前各种谶言、祥瑞频出一样。这种刻有普通人认不出来的古文字的祥瑞之物并非仅此一件。赵明诚自己就说：“先是，司饩局人于水际得玉函，有玉册云：‘神皇万岁忠辅圣母长安’”，其文与义净所释读的大同小异。[②]这

①参见赵明诚：《金石录》，齐鲁书社 2015 年版，第 211 页。

②同上。

就说明，刻有此类吉祥话的玉册不止一两个，而且别人也能认出来。如此一来臆测武则天与义净联手做局的传言不攻自破。

让我们再回到灵岩寺。竺僧朗不遗余力，胼手胝足，带领广大僧众，终于在他的有生之年把灵岩寺建起来了。它栖身于泰山的西北麓，张忠曾经隐居过的地方。整座寺院规模宏大，殿阁错落，高低有序，别致可观。很快它就卓然屹立于中国佛教寺院之巅，成为享誉海内外、令无数僧众向往的佛教丛林。后来它与浙江天台山国清寺、南京栖霞寺、湖北江陵玉泉寺并称“海内四大名刹”，并名列其首。唐高宗李治与皇后武则天665年封禅泰山时曾在此驻跸；清代乾隆皇帝曾八次巡游灵岩，并筑有行宫。今天灵岩寺已成为世界自然与文化遗产保护名录——泰山的重要组成部分，属于全国重点文物保护单位，国家级风景名胜区。

一袭袈裟，万般慈悲。一个人一生能做一件利佑苍生的大事就很了不起了，而朗公倾其毕生心血先后打造出两处佛刹，历经千年至今仍名闻天下，真是前无古人、后无来者。僧传上说他为建寺“劳不告倦”正是他一生为弘扬佛法而不懈奋斗的真实写照。他以执着的宗教情操和利乐有情的人格魅力矢志不渝地耕耘着这方土地。如菩萨般坚韧守候，沉默担当；六帝争请，毫不动摇。怀仁山林，隐居求志。他用他的悲心和愿力，把他的上下诸院摩挲成一颗颗璀璨的明珠，散布在泰山之阴的青山绿水之间，交相辉映，熠熠生辉，始终散发着直指人心的万丈光芒。

张忠在天有灵，一定会露出会心的微笑。

天下名刹灵岩寺

第八章 隋文帝赐名

朗公自351年来到泰山之阴的金舆谷结庐，在这山中一待就是50多年。85岁时，他老人家在这山中示寂。他的师兄道安早在385年就已离大家远去，世寿74岁。慧远法师亦于416年往生净土，世寿83岁。短短30年中，佛图澄的门生、佛教界的三大僧团关河僧团、泰山僧团、庐山僧团的领军人物相继离世，让正崭露头角的中国佛教界蒙受了巨大的损失。

一生如梦往事，随缘处处道场。虽然大师们远离僧众而去，但他们的悲心和愿力始终和一切有情无法分开。他们高尚的情操和懿德，接引着一代又一代学人，让佛教的种子在中国大地上次第花开，结出硕果。他们音容虽邈，懿范犹存；虽然此生有尽，但悲愿无穷。

一、显灵护寺

大师们远去后不久，中国佛教界就蒙受了历史上“三武一宗”灭佛浩劫的头一劫——北魏太武帝拓跋焘的“无差别”灭佛运动，在上一章中我们已作过详细介绍，此不赘述。

据《高僧传》记载，早在朗公住世时，苻坚就曾经

有过“沙汰众僧”的举动，好在朗公是他仰慕的大德，有过书信往来，故在下旨时特别嘱咐：“朗法师戒德冰霜，学徒清秀，昆仑一山，不在搜例。”意思是说，朗公持戒精严，道德高尚，众弟子也持身严谨，所以朗公的寺院就免检了。此处“昆仑山”即指朗公寺所在的琨瑞山。

在拓跋焘发动的第一次大规模灭佛运动中，由于当时泰山地区尚处在南朝刘宋政权的控制下，朗公寺幸运地躲过了一劫。574 年，北周武帝宇文邕掀起了历史上的第二次灭佛运动，而且是佛、道一起灭。尤其是 577 年当北周灭掉北齐后，因为北齐诸皇帝大力扶植佛教，使其境内寺院多达 3 万余所，僧人 200 多万，几占全国总人口的 1/10，仅首都邺城一地就有寺庙 4000 座、僧尼 8 万余人，严重影响了税收和大量挤占了土地及劳动力，故周武帝将灭佛运动推向了高潮：全国共捣毁寺院 4 万座，强令 300 万僧尼还俗。但所幸灭佛运动还未来得及推向全国，第二年周武帝就死了，继任者很快就废止了灭佛的禁令，故朗公寺、灵岩寺免遭毁寺的厄运。这从道宣的《集神州三宝感通录》和《续高僧传·释法瓒传》可窥一斑：朗公寺“至今三百五十许岁，寺塔基构如其本焉。隋改为神通道场，今仍立寺”，七国所送金铜佛像至唐初犹存。另外，在与灵岩寺一山之隔的方山北面有一座建于北魏孝明帝时代的静默寺，唐代改名为“神宝寺”，该寺的碣铭碑现存泰山岱庙。据碣文记载，该寺自创建以来一直“不易题榜”，也就是说一直叫这个名字，直到隋代才因战乱而“生人版荡，革鼎推变，真俗盈虚，今之

所存，殆将半矣”。这说明静默寺在隋朝以前一直在此地存在，没有受到周武帝灭佛的太大冲击。[①]由此也佐证了处于同一地区的朗公寺和灵岩寺也都因周武帝的突然去世而免于灭顶之灾。周武帝死后三年，北周的权臣杨坚从周武帝的孙子手中夺取了皇位，建立了隋朝。380年后宋代开国皇帝赵匡胤，也是用同样的手段，从最后一位灭佛的帝王周世宗柴荣的儿子手中夺权了政权，而且他们都是从前任小皇帝（一个9岁，后一个7岁）那里连哄带吓窃取来的皇位。

据道宣《续高僧传》的记载，朗公寺自建寺以来直到唐代的贞观年间，曾经遭受过三次灭佛运动的冲击，但由于各种机缘巧合，均侥幸地躲过了历次劫难，无人敢将其损毁。遇有不法之徒趁火打劫，朗公就会出其不意地在他面前现出原形，用手中的锡杖将其制服。如果这个坏人向朗公跪地求饶，表示痛改前非的话，则他立马就会从濒死的状态恢复至原来的样子。

《续高僧传》还记述了一则故事：600年左右，僧人释法安陪同尚未当上皇帝的晋王杨广（即后来的隋炀帝）游泰山。此时，朗公寺已被杨广的老爹易名为“神通寺”。寺院的住持请求法安牵线，邀请杨广能成为寺院的檀越（大施主），杨广欣然前往，在寺院的墙壁上亲手写下自己的大名以昭示世人。在来寺院的路上，一入金舆谷，杨广就瞅见远处一名僧人穿着破衣烂衫，骑着一头白色的毛驴迎面而来。杨广问法安：“此乃何许人也？”法安答道：“这就是朗公呀！神通寺的开山鼻祖，他特意

①参见陶莉：《岱庙碑刻研究》，齐鲁书社2015年版，第60页。

来迎接您的！”话音刚落，一眨眼的功夫，那位骑驴的僧人便没了踪影。

二、皇帝寻亲

583年，隋开皇三年，也即隋文帝登基后第三年，他亲自赐名朗公寺为“神通寺”，从此掀开了朗公寺历史篇章新的一页。隋文帝君临天下时全国的佛教寺院多达3790多所，为何他对朗公寺情有独钟呢？就因为这座寺院建在他姥娘门上。

隋文帝杨坚的父亲杨忠，青少年时代为躲避战乱，自北方今内蒙古武川县流落到济南历城一带。杨忠年轻时一表人才：身高七尺八寸（1.85米左右），身材魁梧，体格健硕。性格深沉，武艺过人。在济南，他结识了平民女子吕苦桃，两情相悦，遂结为夫妻。18岁时两人游泰山，被南朝的军队抓了壮丁，强迫带到了江南。之后他凭借其勇武过人、骁勇善战而屡立战功，先后在南梁、北魏、西魏和北周的军队效力，摸爬滚打、出生入死几十年，官阶步步高升，不断受到封赏，官至大将军、大柱国、大司空，最后封“随国公”（“随”即今湖北随州）。这也就是后来他的儿子将新的朝代称为“隋”的缘由。只不过为讨吉利去掉了“随”的走之旁。可国祚仍逃脱不了短短三十八年就“走之”的下场。

杨忠于35岁时喜得贵子，取名“杨坚”，希望儿子日后也能像他那样威武坚毅，刚健勇猛。当时杨忠身为西魏十二大将军之一，由于战事频仍、戎马倥偬，在动

荡不安的日子里无暇顾及初生的婴儿，就把他寄养在军队驻地冯翊（今陕西大荔）的一座寺院里，托付给寺内的智仙女尼代为抚养，一直等他长到13岁时才接回家中。这段不寻常的人生经历在杨坚的心灵中牢牢地种下了佛教的种子，成为后来他大建佛寺、广度僧人、分送舍利，一生崇佛礼佛的动力和源泉。

杨坚登基之时，父母已经过世。他封父亲杨忠为“武元皇帝”，母亲为“元明皇后”。登基前四年，他率北周大军灭掉统治山东一带的北齐后，就在齐鲁大地上寻访过他母亲的族亲，但无果而返。等他当上皇帝后，愈加思亲心切，常常夜不能寐。或许精诚所至，感动了上苍，好几次在梦中梦见佛祖点化他去济南历城一带寻找，于是他委派专人到济南打探，终有所获，果然找到了他母亲的侄子吕永吉和堂弟吕道贵。大喜过望的杨坚随即追赠外祖父吕双周为上柱国，封齐郡公；堂弟吕永吉袭爵，留居京城，后任上党太守；娘舅吕文贵为济南太守。[①]

通过这番“踏破铁鞋”般的寻亲，杨坚更加笃信佛缘广布，佛法无边。为报答佛祖梦中为他寻亲指点迷津，同时也为了彰显他对母亲家乡寺院的恩宠有加，特意将朗公寺赐名为“神通寺”，一直沿用到今天。

2001年，济南市经八纬四路的一处施工工地挖出了一座隋代古墓，出土的墓志铭上刻有“仪同三司济南郡守吕道贵墓铭”。专家据铭文内容考证，这位吕道贵就是隋文帝杨坚的舅舅。[②]

据《隋书》记载，当年认亲后，吕道贵被隋文帝接

①参见刘继文：《济南神通寺》，山东友谊出版社2005年版，第15页。

②参见韩明祥：《济南历代墓志铭》，黄河出版社2002年版，第16页。

入长安，杨坚见到舅舅后悲喜交加，但吕道贵却不以为然，大大咧咧地在众人面前直呼杨坚的名字，还十分粗俗轻佻地说:“看他多像俺苦桃姐，种错不了！”杨坚觉得很丢面子，就下令给他丰厚的赏赐，但不许他与朝臣来往。不久就给他封了一个“济南太守”的官职，把他打发回老家，并再不准他入京。在济南，他狐假虎威，逢人便炫耀他是皇帝的舅舅，且经常大摆排场，动辄仪仗开道，吆五喝六，和旧日的一帮狐群狗友胡吃海喝，令官员和百姓都怨声载道。后来济南撤郡划州，他自然也就下了台。享受了几天如梦如幻般的荣华富贵，又回到了原点，回家当他的老百姓去了。墓志铭中“高门待封，果见驷马之车；街巷萧条，方托旌旗之路。威光与隆周等贶，尊贵共盛汉比踪”的记述也印证了当年吕道贵暴发户式的骄奢，这真是“烂泥扶不上墙”啊！

三、神通寺里说“神通”

2002年岁末，台湾法鼓山圣严法师一行护送阿閦佛头像回归四门塔时，曾为神通寺亲笔书写了“现大神通”四个大字，把本来应属于他的懿行归功于神通寺“神通”之力的再现。这充分体现出一位高僧大德利益人天的宽广胸怀。

“神通广大”一词常用来形容一个人本领大、办法多，无所不能。而在佛教的语境中，它喻指“法力无边”：变幻莫测谓之“神”，无拘无碍谓之“通”。

佛教在诞生之初，曾吸收了许多古印度原有的宗教流派的学说融入其思想体系中去，所以“神通”也就由外道语言逐渐变成佛门的常用词汇，比如古印度的马鸣菩萨在公元 1 世纪所写的佛陀传记，就是以《神通游戏》来命名的。佛教之所以宣扬“神通”，也是为了顺应当时民众的信仰习惯，有利于弘法传教而采取的一种“方便说法”。现代人对佛教中所描绘的诸般“神通”，大多只能作为佛教神话和传说来看待。[①]

佛教认为，要想获得神通虽有诸多途径，但主要还须通过持之以恒地修习禅定才能真正获得。最基本的神通有六种，它们分别是：

神变通：能像孙悟空那样七十二变，甚至不止七十二变，而是千变万化。

天眼通：能看到常人眼睛所看不到的物体，具有“千里眼”的本领。能知晓未来的事情。

天耳通：能听到常人耳朵所听不到的声音。

他心通：能洞悉别人的心思。

宿命通：能知晓自己前世所发生的事，如果与天眼通相配合，就能知道自己的前世和来生。

漏尽通：能断除一切尘世烦恼的侵扰，永离生命的轮回。

在以上六种神通中，前五种称为“世间神通”，因为仅仅具备这五种神通并不能达到解脱轮回的目的，而只有“漏尽通”才被称为“出世间神通”，一旦修得了“漏尽通”，也就自然获得了仅次于菩萨的罗汉果位。普通人很难修到这个果位，必须是证得三圣果以上的圣者才

① 参见郭良鋆：《佛陀和原始佛教思想》，中国社会科学出版社 2011 年版，第 197~208 页。

可以进阶。

虽然佛陀具备六种神通，但他是反对弟子们滥用神通的，他并不主张单纯依赖神通来度化众生，因为佛教是人的宗教而不是神的宗教。佛教度化众生，首先教人要从人的本位上老老实实、本本分分地做起，就算有时为了提振人心，或为了彰显佛陀及其弟子们的圣行圣德，以此来振聋发聩，也是不得已而为之。因为它虽能感化众生于一时，但不能摄化众生于长久。圣严法师认为，“神通”对于乱世的大局无补，对于混乱的社会无益，对于彷徨的人心无助。其实神通也是自然现象之一，它不能违背因果律，不能改变既成的事实，只会先知先觉。世间的平衡是诸多因素因缘聚合而成的，即使能运用神通力来避免掉一些不好的事情的发生，也只不过是延迟它的发生而已，同样的因缘终究会以另一种面貌呈现出来。①

在《放光般若波罗蜜经·坚固品第五十七》中，佛陀教导须菩提说：“阿惟越致菩萨道念常具足，不学咒术符书，不作蛊道，不作医师合和诸药，不学神仙外道卜相知他男子及女人意。”

在中国佛教史上，除了佛图澄之外，能以“神通”闻名于世者并不多见。那些最受后人景仰，其风范流芳于世者，并不是所谓的“神僧”，而是有学有行、有德有成、有作有为的出家人。神通虽能轰动一时，但不能惠及后世。

圣严法师还认为，神通所包涵的范围很大，上从佛、

①参见圣严法师：《学佛群疑》，华文出版社2015年版，第111~114页。

菩萨的随类应化，下至凡夫俗子之间偶尔发生的心灵感应，均属于神通的范畴。凡是体验到了天真之心的，即为神；凡是透发智慧之性的，即能通。天心是定境，慧性是智照。神通是不能离开禅定与智慧而独立存在的。“神”可以理解为人的精神，也是人人皆有的心性，能够使人的心性相通，即可以称为“神通”。放眼今日的人类社会，与其说需要“神通”，倒不如说是更需要“人通”更切实际。[①]

就拿四门塔阿閦佛头像回归这件轰动海内外的盛事来说，虽然圣严法师把它归功于法力无边的神通寺再一次在世人面前凸显了“大神通”，而自己的所作所为只不过是“空中鸟迹”“水中鱼路”。[②]可说到底，还是海峡两岸的无数仁人志士，发无上菩提心，共同促成了这段善缘胜业。尤其是圣严法师，用他的悲心与愿力，为早日实现阿閦佛的法体聚首而四处奔波、辛苦操劳，终于让在海外漂泊了五年之久的佛首身首合一。其无量功德青史永驻，明德流芳。这也是对他关于“人通”胜过“神通”说法的最好的诠释。

回过头来再让我们看当年隋文帝寻亲之事。《隋书·外戚传》记载：“高祖外家吕氏，其族盖微，平齐之后，求访不知所在。至开皇初，济南郡上言，有男子吕永吉，自称有姑字苦桃，为杨忠妻，勘验知是舅子。”很明确，是杨坚的表弟吕永吉自报家门找上来的，而并非如传说的那样是靠佛祖点化才找到的。究其缘由，杨坚之所以将朗公寺赐名为“神通寺”，一来是为了纪念朗公的丰

①参见圣严法师:《宗教与人生》，华夏出版社 2010 年版，第 107~118 页。

②参见刘凤君、李洪波：《四门塔阿閦佛与山东佛像艺术研究》，中国文史出版社 2005 年版，序。

功伟绩，正是靠他的诸般“神通”才折服了六位帝王，用毕生的精力建起朗公寺和灵岩寺两大僧伽伽蓝，使泰山僧团成为撑起中华东方佛教天空的巨擘。二来是为他的母亲吕苦桃祈愿。杨坚虽然小时候没能享受到母爱，但这并没有妨碍他长大后和父母之间感情的交融，毕竟是骨肉之情，血浓于水。563 年，外放为随州刺史已任职两年的杨坚被召回京城，恰遇母亲吕苦桃因病卧床不起，他“昼夜不离左右”，一直在母亲身边侍奉了三年，尽足了孝心，人称“纯孝”。在与母亲朝夕相处的那些日子里，他不可能不了解他母亲的身世，只是由于连年战乱，音信全无，所以才联系不上济南的家人。母亲去世后，他把母亲家乡历史最悠久、香火最旺的寺院当作供奉其母的香火院，就像在他之前东魏武定二年杨显叔为其父祈愿能“生常值佛”而敬造四门塔内的四尊佛像那样，堂堂一国之君用整座寺院来为母亲的在天之灵祈愿，希望她能得到佛祖保佑，早日往生净土，故赐名“神通寺”。这也是后来隋文帝让自己的儿子杨广、孙子杨昭成为神通寺檀越的良苦用心之所在。

四、朗公的遗产

历经 1600 多年的风吹雨打，神通寺昔日的恢弘建筑早已荡然无存，只有废墟中那零星散落的柱础、石柱和石碑，以及静穆的墓塔林提醒着我们，这里曾经有过怎样的辉煌。

在四门塔的北侧，有一棵 15 米高的古柏，苍劲挺拔，枝繁叶茂。5 米多粗的树干顶部向周围发出九根粗大的主枝，如螭似虬，蔚然蓊郁，人称“九顶松”。遒劲的树干透着沧桑，苍翠的枝桠显示着生机。它的树龄比四门塔的建造年代还要久远，它的每一根枝丫都比人的一生见证的还多。它与四门塔交相辉映，越发显得郁郁葱葱。它迎风自吟，目睹了身边神通寺的兴废更迭、千年盛衰。

清代诗人董芸曾作诗写道：“朗公精舍古神通，劫火残烧五代空。唯有四门孤塔下，长松九顶尚青葱。”据说当年隋炀帝杨广在做皇帝之前曾在这棵树下许愿要当上皇帝，后来果然应验。这就引得后来无数的善男信女都喜欢在这棵大树下许愿，期盼仰仗这方神奇土地上的神通护佑，让自己的好梦成真。

站在九顶松下，抬头仰望，你不觉得它就是朗公的化身吗！朗公就像这棵硕大无朋的参天大树，为芸芸众

九顶松遒劲的树干透着沧桑

生撑起遮风挡雨的擎天巨伞，接引了南来北往的无数学人，使百代千秋的信众都庇佑在他的荫翳里，让他们从无明和烦恼中走向智慧和觉悟的人生。阵阵清风掠过后，醉人的松香洒向人间。如果你想亲身体验一下“神通”的意境，那就请你在这棵大树下冥想片刻，看奇迹是否会发生。

如果你去灵岩寺，遥望东山之巅，有一巨石拱揖而立，酷似一位耄耋老翁踯躅前行，人称“朗公石”，他仿佛也是朗公的化身，千百年来无时无刻不在深情地俯瞰着山谷里这片人间净土。任斗转星移，沧桑巨变，在经过上千年时光的积淀后，朗公当年胼手胝足、“劳不告倦”打造出来的僧伽伽蓝，已经不单单属于佛教，而是超越了种族、地域及文化，成为全世界、全人类最珍贵的文化遗产之一，令今天的我们望之俨然，即之却温。

灵岩寺东山之巅的朗公石

九頂松

五、古寺新生

2020 年 10 月 27 日，被誉为山东省“最美高速”的济泰高速公路正式通车。这条连接济南与泰安之间的高速路全长虽仅有 55.9 公里，但它穿行于济南南部山区的泰山山脉之中，沿途山明水秀，峰峦起伏，美不胜收。它途经多个著名旅游景区，如一串珍珠项链，串联起泰山之阴的群山幽谷、林泉飞壑，令人目不暇接、心旷神怡。

金牛山，如雄狮般蹲踞在神通寺前方，济泰高速从它脚下穿过

从济南出发沿这条高速公路一路向南，出柳埠海螺峪隧道后，立马就会看到右前方有一座高山横亘在眼前，这就是神通寺山门前的金牛山。其实它不像牛，也不像驴，它更像一头威武的雄师蹲踞在路旁，凝视着东方。靠近公路一侧，在狮子的左鼻孔处，隐约可见一洞口若隐若现，

远看如济南佛慧山大佛头的佛龛那般大小，人称“金驴洞”，传说当年朗公初来此地时曾在此洞中暂时栖身过。

登高远眺，自金牛山巅向北俯瞰，金舆谷中的神通寺飞檐青瓦，金碧辉煌。

这是21世纪重建的神通寺。

21世纪新建的神通寺

2006年5月，神通寺遗址由政府交由佛教部门管理。当年，佛教界礼请济南市佛教协会副会长界空法师出任新建扩建神通寺的住持。界空法师不辱使命，率众驻锡。他慕朗公之遗风，为法忘躯，诸事亲力亲为，入泥入水。十载艰辛，终于使祖庭重光，禅灯复明，把尘封在历史中的神通寺翻作庄严道场。从此，美丽的锦阳川畔、琨瑞山下，悠扬的晨钟暮鼓、经声佛号再度在金舆谷中回荡。朗公点燃的香火心灯相传，再续辉煌：昔日荫护众生，今朝慈航普渡。

新建的神通寺占地面积15亩，建筑面积9000平方米，全部为仿唐建筑。殿宇巍峨，庄严雄伟，气势恢宏。

复建后的山门门额上“神通寺”三个大字格外醒目，它是由台北善导寺住持了中长老所题。了中长老还兼任台湾玄奘大学董事长、世界佛教僧伽会会长。

山门的楹联是世界佛教华僧会会长、台湾光德寺住持净心长老撰写：

前秦最初名胜承祖风严修梵行证菩提

齐鲁第一道场秉圣教普施甘露润群生

祖师殿内供奉的是神通寺的开山鼻祖、一代高僧竺僧朗，祖师殿门两旁的楹联写的是：

奉师命开山建道场

显神通说法石点头

上联说的是朗公奉师傅佛图澄之命，来泰山开创佛教丛林，创建了朗公寺。下联说的是朗公不遗余力，晚年还创建了灵岩寺。他在灵岩寺讲经说法鞭辟入里，听得石头都为之点头。一副对联，短短的十六个字，高度概括了朗公一生所完成的两大伟业：创建神通寺和灵岩寺。

除了僧传上笼统的描述，历史上的神通寺究竟是什么样子呢？

在历代为数不多的吟咏神通寺的诗作中，有一首诗最富有禅意。该诗将神通寺的美丽传说、娴静气氛和作者的心灵感受交融在一起，诗画般地描绘出了寺院的神奇、清幽以及濡染作者的浓厚禅关氛围。这就是明代著名文学家、诗坛“后七子”中的领军人物李攀龙咏神通

朗公寺开山鼻祖竺僧朗

寺的诗。让我们通过这首诗，粗略地一瞥昔日神通寺的风采：

相传精舍朗公开，千载金牛去不回。

初地花开藏洞壑，诸天树杪出楼台。

月高清梵西峰落，霜清疏钟下界来。

岂谓投簪能避俗，将因卧病白云隈。

诗中的“金牛”指金牛山，也就是俗称的金驴山；“杪”指树枝的细梢；“清梵”是指僧人诵经的声音；“疏钟”则为稀疏的钟声；“投簪”意为辞官，“白云隈”指白云深处。

这首诗描写了诗人深秋时节夜宿神通寺时的感悟。他在寺里听闻了朗公开山建寺的事迹和有关金牛（金驴）的传说（详见第四章第三节），欣赏了寺内的历史遗迹和庙宇楼阁。入夜，明月松间映照，寺内僧人课诵的声音依稀入耳；凝霜的清晨，悠扬的钟声在山谷中回荡。这浓浓的禅意令作者在发思古之幽情的同时，深切感受到佛门净地空灵寂静、安顿人心的静谧意境。

佛门净地空灵寂静

李攀龙是济南历城人，明朝嘉靖年间考中进士，历任吏部、刑部的官员，后又出任顺德（今河北邢台）知府、陕西按察司副使。他为官清正，体恤民情，在陕西任上因看不惯当地官场的黑暗，遂以侍奉母亲为由辞官回家。回到济南后他先后在鲍山和大明湖南岸的百花洲各建了一座“白雪楼”，寓意自己“阳春白雪，曲高和寡”，置身于世外，不与权贵们交往。诗的最后一句就表达了作者毅然辞官后远离世事的纷扰，一心向往田园生活的人生理想。他所建的白雪楼早已荡然无存，为纪念这位济南土生土长的历史名人，济南市于 1996 年在趵突泉公园内重建了白雪楼。

佛教认为，成住坏空是世间任何人、任何事物都抗拒不了的铁律，它揭示出什么叫作“诸行无常”，因此我们也就不必为逝去的往日辉煌而感到惋惜。1300 多年前玄奘去印度取经时，一路阅尽百城烟水，可到了佛教的发源地却发现佛教的圣迹所剩无几，佛教信仰日渐式微。可这丝毫也没能阻挡住他舍身求法的初衷和热情，他硬是从那里搬回来 657 部经书，还在中国创建了原汁原味的唯识宗。玄奘走后 500 年，那烂陀寺毁于战火。但这也没能阻挡住佛教今天已跻身于世界三大宗教之一的行列，佛教徒已遍布世界各地的不争的事实。

李攀龙建的白雪楼早已杳无踪影，可他的诗文却流传至今。朗公寺因年代久远，也早已废圮，甚至就连考古学家至今在金舆谷也没有挖掘出朗公时代的建筑遗址，但这丝毫也不妨碍朗公上求菩提、下化众生精神的传承与发扬，从历代文献和碑刻记载我们可以读出，他执着的宗教信仰和崇高的人格魅力早已深入人心，他非凡的一生就是一趟实践佛法、续佛慧命的伟大旅程，他的悲心和愿力，如慈云法雨，利益人天。他饶益众生，道行高远，高僧懿德，千古传颂。

在金舆谷拔地而起的新的神通寺，就是纪念竺僧朗法师的一座丰碑。

朗公住世时就以解读《放光般若波罗蜜经》而闻名遐迩。在此，就让我们一起诵读这部古老的大乘佛教经典中的佛陀教诲，以告慰这位高僧大德的在天之灵。

他当年肯定无数次地释读过以下这些文字：

> 佛语须菩提："菩萨以住于贤圣无漏法，便能飞行供养诸佛，随其所安救济众生，或以布施摄取众生，或以戒，或以忍，或以精进摄取众生，或以禅，或以智慧摄取众生，随其所善而教之。为众生故受生死法，不与同归，亦不受生死勤苦；为众生故种天上人中之福。"
>
> ——《放光般若波罗蜜经·无所有相品第七十七》

济南神通寺

参考文献

1. 崔鸿：《十六国春秋》（辑补本），齐鲁书社2000年版。
2. 道宣：《续高僧传》，中华书局2014年版。
3. 道宣：《广弘明集》，（台北）新文丰出版公司1986年版。
4. 道宣：《集古今佛道论衡》，中华书局2018年版。
5. 段成式：《酉阳杂俎》，曾雪梅校释，山东人民出版社2018年版。
6. 法显：《佛国记》，东方出版社2018年版。
7. 义净：《南海寄归内法传校注》，王邦维校注，中华书局1995年版。
8. 房玄龄等：《晋书》，中华书局2015年版。
9. 慧皎：《高僧传》，中华书局1992年版。
10. 僧祐：《出三藏记集》，中华书局2017年版。
11. 魏征等：《隋书》，中华书局2017年版。
12. 阿城：《昙曜五窟：文明的造型探源》，中华书局2019年版。
13. 柏扬：《中国人史纲》，中国友谊出版社1998年版。
14. 崔涛：《道安》，陕西师范大学出版社2017年版。
15. 曹杰：《法显传》，北岳文艺出版社2016年版。
16. 郭良鋆：《佛陀和原始佛教思想》，中国社会科学出版社2011年版。
17. 光亮编译：《白话贤愚经》，西藏人民出版社2017年版。
18. 韩昇：《隋文帝传》，人民出版社2015年版。
19. 何庆亮：《风雨神通寺》，山东友谊出版社2014年版。
20. 黄夏年：《北朝佛教研究》，大象出版社2015年版。
21. 刘凤君、李洪波：《四门塔阿閦佛与山东佛像艺术研究》，中国文史出版社2005年版。
22. 刘继文：《阿閦佛头像回归纪实》，中国文史出版社2004年版。
23. 刘继文：《济南神通寺》，山东友谊出版社2005年版。

24. 刘慧：《泰山佛教史》，山东人民出版社 2018 年版。
25. 林欣浩：《佛祖都说了些什么》，长江出版社 2018 年版。
26. 李零：《中国方术考》，中华书局 2019 年版。
27. 马明博：《天下赵州生活禅》，中国青年出版社 2005 年版。
28. 马明博：《世界因你而欢喜》，三联书店 2015 年版。
29. 马明博：《宝岛问禅记》，中国摄影出版社 2015 年版。
30. 马明博：《等个人来》，东方出版社 2018 年版。
31. 蒋福亚：《前秦史》，社会科学文献出版社 2020 年版。
32. 季羡林：《佛教十六讲》，长江文艺出版社 2015 年版。
33. 钱文忠：《人间佛陀释迦牟尼》，华文出版社 2015 年版。
34. 钱文忠：《玄奘西游记》，上海书店出版社 2017 年版。
35. 薛克翘：《象步凌空——我看印度》，世界知识出版社 2010 年版。
36. 任继愈：《中国佛教史》，中国社会科学出版社 1985 年版。
37. 日月洲：《向西，灵魂跟着脚步》，九州出版社 2014 年版。
38. 尚永琪：《鸠摩罗什》，陕西师范大学出版社 2017 年版。
39. 孙英刚、何平：《犍陀罗文明史》，三联书店 2018 年版。
40. 孙英刚：《神文时代》，上海古籍出版社 2015 年版。
41. 孙英刚：《七宝庄严》，商务印书馆 2015 年版。
42. 吴言生：《佛都长安》，陕西旅游出版社 2010 年版。
43. 圣严法师：《学佛知津》，华夏出版社 2010 年版。
44. 圣严法师：《宗教与人生》，华夏出版社 2010 年版。
45. 施叔青：《枯木开花：圣严法师传》，三联书店 2010 年版。
46. 严耀中：《华梵杂学集》，上海古籍出版社 2016 年版。
47. 周思源：《风云南北朝之苻坚》，清华大学出版社 2015 年版。
48. 郑岩、刘善沂：《山东佛教史迹——神通寺、龙虎塔与小龙虎塔》，（台北）法鼓山文教基金会，法鼓文化 2007 年版。
49. 张从军：《走近佛陀》，齐鲁书社 2021 年版。

后记

日本著名的历史文化名城奈良有一座药师寺，寺内建有“玄奘三藏院”，密藏着高僧玄奘的部分顶骨舍利。院内的玄奘塔匾额上镌刻着“不东”二字。“不东”源自玄奘法师当年西行求法时所立下的誓言：“玄奘终不东移一步以负先心！”

玄奘说这句话是在唐贞观元年（627），28 岁的他身处玉门关外的边境检查站——五座烽燧中的第一燧，对截获他的校尉王祥说的。王祥极力劝其东返，但倔强的玄奘对这位边防官说道：“既然我落在您手里了，如何处置由您决定。但我去西天取经的初衷决不改变，我决不向东后退一步！”在玄奘这种舍身求法的精神感召下，富有同情心的校尉终于网开一面，放玄奘走出了第一座烽燧。

在本书的写作过程中，每当我在历史与佛教的宏伟殿堂前望而却步、踌躇不前时，“不东”这两个再普通不过的汉字就会成为勉励我继续前行的动力。书中所叙述的法显、玄奘、义净，朗公、道安、张忠等这些高山仰止的大德，他们非凡的人生经历都成为激发我写作灵感的源头活水，他们崇高的人格魅力始终在鼓舞着我把这份致敬家乡济南神通寺的“作业”认真写完，直至标点上最后一个完美的句号。

在书稿行将付梓之际，我要对所有给予我支持和帮助的人致以最诚挚的谢意！

首先，我衷心感谢山东大学出版社的刘旭东副社长，他在百忙之中不厌其烦地对书稿反复提出宝贵的修改建议，正是由于他的精心指导，才使这本最初仅以文字为主的小书配以精美的插图，华丽转身为一本图文并茂的通俗文史读物。刘社长那一丝不苟的严谨治学态度和恪尽职守的敬业精神，给我留下了极其深刻的印象。

山东大学出版社的王桂琴、刘森文二位编辑，她（他）们对书稿的文字做了精心的润饰与修葺，字斟句酌，精益求精，在此谨致以由衷的谢意！

张荔老师拨冗为本书设计了精美的封面，彰显了大家风范，在此深表感谢！

我特别感谢我中学时代的同学好友，他们是李宇飞、孙伟、韩长义、李成武。当年我们在济南一中上学时“风华正茂，书生意气”，有着共同的理想和追求：那就是走向社会后努力做一个对社会有所贡献的人。时光荏苒，四十多年转瞬即逝。他们离开工作岗位后，仍壮心不已，爱上了摄影这一行，操起了“长枪”与“短炮”，足迹遍及大江南北、高原荒漠，用他们手中的镜头去捕捉我们这个伟大时代的各种美好瞬间，展现祖国的壮美山河。为了给本书添加精美的插图，他们不辞辛劳，多次赶赴济南南部山区，寻找最佳的拍摄光线和取景角度，尽量满足文本的各种插图要求，使书中的图片与文字完美搭配，相得益彰。尤其是李宇飞同学，对后期的照片修饰和图文编排投入了大量的精力，付出了辛勤的劳动，使本书的视觉效果得到了极大的提升。

原四门塔管委会刘继文主任热情为我提供了许多有关四门塔的珍贵历史照片，充分体现了老一代文物守护人的高尚情怀。这些照片大都由他亲自拍摄，实属不可多得的影像资料。现四门塔管理部门的负责人张泽刚先生以及文保中心的王越女士也给予我许多无私的帮助，在此一并致谢！

山东蓝海文化科技有限公司的创意总监王莉莉女士，在本书的装帧设计和排版校订等方面做了大量繁琐而又细致的工作，她那严谨的工作作风和勤敏敬业的职业操守保证了本书的顺利出版。

最后还要感谢我的家人在电脑文档应用、文字校对和图像传输等方面所给予我的极大协助，因为单凭我的一己之力是难以圆满完成这项写作任务的。

尺牍片简，难以表达出我对所有关心和支持我的人的无比感激之情，正是靠大家像长清衔草寺初创时那样“百鸟衔草、众人拾柴”，才使本书得以捧送至广大读者面前。

由于本人学识浅薄，有“班门弄斧”之嫌，书中难免会有不尽人意之处，恳请广大读者谅解与指正。

天高路远，我将继续勤学精进，以期心目圆明，利乐有情！

高飞

2021 年 12 月 31 日于济南